Slavenka Drakulić

Keiner war dabei

Kriegsverbrechen auf dem Balkan
vor Gericht

Deutsch von
Barbara Antkowiak

Paul Zsolnay Verlag

Originaltitel:
They would never hurt a fly.
War criminals on trial in The Hague

Mit freundlicher Unterstützung von
KulturKontakt Austria

ISBN 978-3-552-05722-7

Satz: Eva Kaltenbrunner-Dorfinger, Wien
Umschlag: Peter-Andreas Hassiepen, München
Foto: © Eileen Kleinman/CORBIS SYGMA
Printed in Germany

Der Spießer ist der moderne Massenmensch. Er hat die Zweiteilung von Privat und Öffentlich, von Beruf und Familie so weit getrieben, daß er noch nicht einmal in seiner eigenen identischen Person eine Verbindung zwischen beiden entdecken kann. Wenn sein Beruf ihn zwingt, Menschen zu morden, so hält er sich nicht für einen Mörder, gerade weil er es nicht aus Neigung, sondern beruflich getan hat. Aus Leidenschaft würde er nicht einer Fliege etwas zuleide tun.

Hannah Arendt,
Organisierte Schuld, April 1946

Inhalt

1. Wozu Den Haag?

Kurz nach dem Ende des Krieges in Kroatien – in Bosnien dauerte er noch immer an – wohnte ein junger Mann, ein Freund meiner Tochter, bei uns in Zagreb. Mir fiel auf, daß er nachts das Licht in seinem Zimmer brennen ließ. Einmal fragte ich ihn nach dem Grund, und er antwortete etwas Unbestimmtes. Er wache nachts auf, ohne zu wissen, wo er sei, er habe schlechte Träume, sehe darin seine Freunde, Soldaten, die während einer Aktion in Bosnien verschwunden und vermutlich gefallen waren. Es fiel ihm sichtlich schwer, darüber zu sprechen.

Heute hat dieser junge Mann eine Familie und eine kleine Tochter, und ich bin sicher, daß er ihr nie von seinen Freunden erzählen wird – weder wie noch wo sie verschwunden sind. Aber selbst wenn dieses Mädchen mit Geschichten über den Krieg in Bosnien aufwächst, wird es verwirrt sein. In der Schule wird es lernen, daß Kroatien nicht gegen Bosnien Krieg geführt hat und nie ein Aggressor war. Offiziell hat der Vater nicht gegen die bosnischen Muslime gekämpft, und seine Freunde sind nicht dort umgekommen. Nach den heutigen Geschichtsbüchern zu urteilen, wird das Mädchen lernen, daß der »Vaterländische Krieg« ausschließlich ein Verteidigungskrieg war. Mehr noch, in einem solchen Verteidigungskrieg konnten kroatische

Soldaten keine Kriegsverbrechen begehen. Die offizielle Doktrin in Kroatien hat sich auch nach dem Tod von Franjo Tudjman im Jahr 1999 nicht geändert.

Ein kleines Mädchen in Serbien würde auch ohne Informationen über den Krieg aufwachsen. Fragte es eines Tages nach dem Krieg in Kroatien und Bosnien, bekäme es vom Vater zur Antwort: Krieg? Welcher Krieg? Der einzige Krieg, den die Serben zur Kenntnis nehmen, ist die Aggression der NATO und ihr eigener Kampf gegen den »Terrorismus« im Kosovo. Der Krieg in Bosnien und Kroatien zählt nicht.

Nach dem Ende des Zweiten Weltkriegs muß mein Vater ebenso empfunden haben wie der junge Mann, der bei uns wohnte. Ich weiß nicht, ob er bei Licht schlief. Mein Vater war 23 Jahre alt und wollte all die schrecklichen Erfahrungen aus dem Krieg vergessen. Die bösen Zeiten lagen hinter ihm. Er begegnete meiner Mutter und gründete eine Familie. Ich wurde 1949 geboren. Eine lichte Zukunft kündigte sich an.

Mein Vater sprach nie über seine vier Partisanenjahre. Er wollte sie vergessen – ein Zeichen für mentale Gesundheit und starken Selbsterhaltungstrieb, wie ich lange glaubte. In den »Geschichten aus Kolyma« schreibt Warlam Schalamow: »Der Mensch überlebt dank seiner Fähigkeit zu vergessen.« Doch ich wußte, daß sich mein Vater an den Krieg erinnerte, obwohl er nicht darüber sprach. Als wichtigstes Ereignis in seinem Leben mußte er tiefere Spuren in ihm hinterlassen haben als dieser letzte Krieg in mir. Je mehr ich darüber nachdenke, desto mehr bin ich überzeugt, daß die Kombination aus seinem Schweigen und der offiziellen Version von den historischen Ereignissen 1939 bis 1945 diesen letzten Krieg ermöglichte.

Obwohl mein Vater schwieg, erinnere ich mich an drei Bilder, die ich als Kind mit seinem Krieg in Verbindung brachte.

Das erste hat mit meiner Großmutter zu tun. Sie sympathisierte mit den Partisanen, kochte und wusch für sie. Oft erzählte sie von einem Erlebnis, das sich ihr ins Gedächtnis gegraben hatte: Einmal eroberten die Partisanen ein Dorf, das vorher die serbischen Tschetniks gehalten hatten. Es war leer, alle Einwohner waren geflohen. Als sie eins der verlassenen Häuser betrat, um dort zu übernachten, spürte sie einen seltsamen Geruch. Es stank nach verbranntem Fleisch. Da die Tschetniks hastig abgezogen waren, glaubte sie, es handle sich um Essensreste. Aber auf dem Herd war nichts. Sie öffnete das Bratrohr und fand ein Neugeborenes, das man wie ein Spanferkel gebacken hatte.

Als ich klein war, stellte ich mir vor, wie Großmutter jenes Haus betrat. Ich roch den Gestank, obwohl ich nie so etwas in die Nase bekommen hatte. Ich sah den holzbeheizten Herd vor mir und ihre Hand, die ihn öffnete. Ich empfand ihr Entsetzen, das mit der Zeit zu meinem Entsetzen wurde.

Das zweite Bild stammt aus dem Film »Kozara«, und mir war, als hätte ich es selbst erlebt. Ich erinnere mich an meine Angst, an meine schwitzenden Hände, an meine Tränen. Es war einer jener Partisanenfilme, die wir im Rahmen des Geschichtsunterrichts ansehen mußten. In einer Szene versteckt sich der Hauptheld in einer Grube, während die Deutschen nach ihm suchen. Er hat ein Baby in den Armen, das, als die feindlichen Soldaten näherkommen, zu weinen beginnt. Mit einer Hand hält der Held dem Kind den Mund zu, mit der anderen stützt er die Abdeckung der Höhle ab. Im spannendsten Moment des Films durchbohrt ein deutscher Soldat von oben mit dem Bajonett die Hand des Helden.

Mein drittes Kriegsbild entnahm ich einem Buch, das Vater vor uns Kindern verborgen hielt, das ich aber trotzdem entdeckte. Ich wünschte, ich hätte es lieber nicht getan, denn ich wagte Vater nicht nach dem zu fragen, was ich dort sah und nicht sehen sollte. Deshalb brauchte ich lange, um zu begreifen, was die schrecklichen Bilder darstellten. Ich erinnere mich genau an dieses Buch. Es war dünn, hatte vergilbte Seiten und einen grünen Leineneinband. Es enthielt einige schlechte und unscharfe Schwarz-Weiß-Fotos. Aber sie waren scharf genug, damit man ausgehungerte Gestalten auf Stockbetten, nackte Skelette und Leichenhaufen erkennen konnte. Das Buch hieß »Jasenovac«. Jahre später, als ich das Museum des Konzentrationslagers Jasenovac besuchte, sah ich dieselben Fotos. Ich sah auch die Kollektion von Messern und Hämmern, welche die Ustascha benutzten, um rund 70 000 Menschen, darunter 20 000 Juden, zu ermorden.

Wir wuchsen auf mit solchen Bildern in Literatur, Familiengeschichten, Fernsehen und Filmen. Auf der einen Seite hatten wir Erinnerungen, auf der anderen Geschichtsbücher mit der offiziellen Version der Ereignisse. Damit waren wir nicht vor der Vergangenheit geschützt, sondern hatten wohl zuviel davon. Unsere Lehrbücher enthielten keine Fakten, sondern Legenden: die Offensiven von Titos Armee, die großen Schlachten und noch größeren Siege. Jahrzehnte später, als ich von dem großen Blutvergießen im österreichischen Bleiburg erfuhr, wo Zehntausende Landwehrsoldaten, die sich zu den Alliierten durchschlagen wollten, gnadenlos umgebracht wurden, war es für meine Umerziehung schon zu spät. Ich hatte bereits eine klare Vorstellung von Partisanen, Tschetniks, Deutschen und Ustascha. Keine historische Tatsache konnte die Bilder löschen, die sich meinem kindlichen Gedächtnis eingeprägt hatten. Ebenso mußte es jenen ergehen, deren Väter oder Onkel bei Bleiburg von den Partisanen umgebracht worden waren, und dieses Gemetzel wurde in den Geschichtsbüchern überhaupt nicht erwähnt. Meine Generation wuchs ohne Geschichtskenntnisse auf – die Geschichte, die man uns beibrachte, war Lug und Trug.

Erst jetzt begreife ich, wie leicht es ist, mangels Tatsachen einen Krieg zu beginnen. Ein Krieg kommt nicht von nirgendwo, er wird vorbereitet. Es ist leicht, die Bilder zu mißbrauchen wie jene, an die ich mich erinnere, unser emotionales Gedächtnis zu mißbrauchen und darauf Haß zu errichten. Denn jeder hat eine Kollektion solcher Erinnerungen, und es ist gefährlich, wenn sie die einzigen sind. Die politischen Führer haben sich dieser Bilder bemächtigt, sie mit populärer Mythologie vermischt und die Gefühle aufgestört. Es ist schwer, sich gegen Propaganda zu wehren, wenn es keine gemeinsame Geschichte mehr gibt, an die jeder glauben kann. Unter dem emotionalen Druck gibt der Verstand leicht nach. Die Geschichte, die man uns beigebracht hat – und die das nicht war –, verhalf den Gefühlen zum Sieg über den Verstand.

Und so stand ich nach diesem letzten Krieg vor demselben Schweigen, derselben Abneigung gegen die Wahrheit und derselben Manipulation von Tatsachen. Zum dritten Mal in meinem Leben war ich am Nullpunkt der Geschichte angelangt. Zum ersten Mal geschah das der Generation meines Vaters nach dem Zweiten Weltkrieg beziehungsweise nach der kommunistischen Revolution. Die Geschichte wurde neu geschrieben. Zum zweiten Mal nach dem Sturz des Kommunismus. Sofort war alles vergessen, und die Zeitrechnung begann 1990. Und zum dritten Mal nach dem Ende des Kriegs in Kroatien. Es ist nicht zu übersehen, daß fast niemand vom Krieg sprechen will, als hätte es ihn nicht gegeben. Noch leichter ist die Schlußfolgerung, daß die Menschen seiner müde sind; sie wollen die Vergangenheit hinter sich lassen und an die Zukunft denken. Übrigens hat uns das Nachdenken über die Vergangenheit erst in den Krieg hineingezogen. Die Politiker schließen sich der Mehrheit an und predigen, eine neue Seite der Geschichte müsse aufgeschlagen werden – möglichst eine leere –, denn viele sind weiterhin an der Macht und mögen ihre Verantwortung nicht wahrnehmen.

Doch wenn die Wahrheit über den »Vaterländischen Krieg« verborgen bleibt, wird die nächste Generation in dieselbe Situation versetzt wie meine nach dem Zweiten Weltkrieg. Je nachdem, auf welcher Seite ihre Eltern standen, wird sie sich nur auf staubige Bilder und blutige Geschichten stützen können – einzig persönliche Erinnerungen, keine Historie.

Aber obwohl der Krieg ins Vergessen gedrängt werden soll, ist er noch immer gegenwärtig. Man braucht nur das Tribunal in Den Haag zu erwähnen. Ich vermute, daß jeder Niederländer verblüfft wäre von der Flut der Emotionen, die der Name dieser Stadt in Kroatien, Serbien, selbst Bosnien (das am besten mit dem Tribunal zusammenarbeitet) hervorruft. Seit seiner Gründung 1993 hat das ICTY (International Criminal

Tribunal for the former Yugoslavia) auf dem Balkan zu Kontroversen geführt. Die Nachfolgestaaten des einstigen Jugoslawien konnten oder wollten ihre eigenen Kriegsverbrecher nicht zur Verantwortung ziehen. Ihre Justizsysteme waren alles andere als unabhängig und stark korrumpiert – hätte man die Beschuldigten vor lokale Gerichte gestellt, wären diese politischem Druck ausgesetzt worden. Die rechte Opposition betrachtet das Tribunal als politisches Instrument zur Abstrafung und Demütigung ihres Landes. Andere meinen, es wäre besser, die Kriegsverbrecher zu Hause vor Gericht zu stellen, denn auf diese Weise würde die Nation mit der Wahrheit über den Krieg konfrontiert und könnte so eine Katharsis erleben.

Ich war so naiv zu glauben, dem neuen Regime nach Tudjman läge daran, die Wahrheit über den Krieg aufzuklären. Warum kam es dazu? Weshalb wurde er geführt? Hat die kroatische Armee Kriegsverbrechen begangen? Die Wahrheit ist, daß es wegen der Gründung eines Nationalstaats zum Krieg kam, was auch »ethnische Säuberungen« einschloß; daß 200 000 Serben gezwungen wurden, die Krajina zu verlassen; daß ihre Häuser geplündert und in Brand gesteckt und etwa 400 Zivilpersonen getötet wurden; daß in Gospić, Pakrac und Sisak Massenmorde an Serben stattfanden; daß kroatische Soldaten in Bosnien/Herzegowina etwa 24 000 Muslime in herzegowinischen Konzentrationslagern gefangenhielten; daß die Kroaten 116 Zivilpersonen im Dorf Ahmići umbrachten und die Alte Brücke in Mostar zerstörten; daß in Zagreb die zwölfjährige Serbin Aleksandra Zec und ihre Eltern umgebracht wurden. Der Mörder gestand seine Schuld und befindet sich auf freiem Fuß.

Doch das Problem ist, daß niemand laut und deutlich die Wahrheit sagen will. So wie auch niemand sie hören will. In Kroatien ist die Wahrheit politisch gefährlich. Zehn Jahre lang hat Tudjmans Propaganda den Kroaten eingeredet, daß Menschen von der Liste des Haager Tribunals – wie Mladen Naletilić Tuta, Tihomir Blaškić, Dario Kordić, Mirko Norac und Ante Gotovina – Helden seien und keine Verbrecher. Wenn die Regierung sie ausliefere, geschehe das nur auf internationalen Druck hin, nicht weil die Kroaten glaubten, daß sie wirklich abgeurteilt werden müßten. Niemand hat den Kroaten gesagt, daß Kriegshelden »willige Vollstrecker« sein können. Darum sind die Kroaten beleidigt, wenn das Tribunal diesen Männern den Befehl zur Ermordung von Zivilisten vorwirft. Ihre Helden Kriegsverbrecher? Niemals! Der Widerstand gegen das Tribunal wurde zum Maßstab des Patriotismus. Seine Gegner behaupten, dort werde nicht über Individuen Gericht gehalten, sondern über ganz Kroatien. Als Mirko Norac im Frühjahr 2001 vor ein lokales Gericht in Rijeka zitiert wurde, weil er Kriegsverbrechen in Gospić begangen hatte, wo im Herbst 1991 etwa 120 Serben verschwanden, organisierten Kriegsveteranen ein Protestmeeting in Split, an dem 75 000 Menschen teilnahmen. Es kam zu einer Regierungskrise, und das ganze Land war für mindestens eine Woche paralysiert.

Die Wahrheitsfindung über den Krieg ist der Kern der Kontroverse um das Tribunal. Solange diese Wahrheit nicht zutage tritt, werden die Prozesse in Den Haag oder vor lokalen Gerichten als Unrecht an den »Kriegshelden« empfunden. Es gibt keine Gerechtigkeit ohne Wahrheit. Aber Kroatien ist von der Wahrheit weit entfernt. Davon zeugen zwei derzeit laufende Prozesse. Einer gegen die »Gospić-Gruppe« in Rijeka und der andere gegen einige Gefängnisaufseher in Split. Besonders der Prozeß in Split wurde zur schändlichen Performance, wo das Publikum den »Helden« zujubelte und die Zeugen bedrohte. Der Richter entließ die Beschuldigten aus der Haft, damit sie sich in Freiheit verteidigten, und als das Oberste Gericht seine Entscheidung aufhob, waren zwei von ihnen bereits geflohen. Bemerkenswert ist auch, daß die Zeugen in beiden Prozessen plötzlich unter Gedächtnisverlust litten. Oder daß im Fall Sisak, einer kleinen Stadt bei Zagreb, wo 1991/92 zahlreiche Serben verschwanden, der zuständige Richter keine Ermittlungen veranlaßte, bis die Medien es erzwangen, nachdem das Monatsblatt *Hrvatska ljevica* eine Liste von etwa 100 ermordeten und verschwundenen Menschen veröffentlicht hatte.

Aber Kroatien hat diese Probleme nicht allein. Auch die Serben tun sich schwer mit der Wahrheit. Sie sehen sich als die größten Opfer von Milošević einerseits und der NATO andererseits. Obwohl Serbien unter dem Embargo und den Bombardierungen gelitten hat, die eine Strafe für die Kriege gegen die Nachbarländer waren, sieht es der Wahrheit noch immer nicht ins Auge. In diesem Sinne haben Kroatien und Serbien etwas gemeinsam. Die Ursache ist simpel und geht über die Ideologie von Tudjman/Milošević hinaus. Zu viele Menschen waren am Krieg beteiligt, und sehr viele haben von ihm profitiert. Es ist leichter und bequemer, mit Lügen zu leben als mit der Wahrheit, mit der Möglichkeit von individueller Schuld und kollektiver moralischer und politischer Verantwortung.

Aber dieser Konflikt zwischen Wahrheit und Gerechtigkeit hat ernste Konsequenzen: Die kroatische wie die serbische Regierung haben Probleme mit der Wahrheit und können die Auslieferung ihrer Kriegsverbrecher an das Haager Tribunal vor der eigenen Bevölkerung nicht rechtfertigen.

Da es leichter ist, mit Lügen zu leben als mit der Wahrheit, wird das Bemühen um Gerechtigkeit als Unrecht empfunden. Solange es in diesen Gesellschaften aber nicht um Wahrheit geht, betrachtet man das Streben nach Abstrafung der Kriegsverbrechen als Bedrohung der ganzen Gemeinschaft. Vorerst wird das Tribunal Gerechtigkeit üben, denn sonst wird es sie nicht geben. Nur weil wir selbst nicht imstande sind, unsere blutige, schmutzige Wäsche zu waschen, und nicht einmal das Bedürfnis danach verspüren.

2. Die Gerechtigkeit ist langweilig

Das Gerichtsgebäude riecht nach frischer Farbe. Ein junger Mann in weißem Overall streicht den Flur. Der Flur ist ansonsten leer, mit Glaswänden links und rechts. Links ist der Eingang zu den Verhandlungsräumen, davor natürlich ein Metalldetektor und ein Polizist. Ich will in Raum drei, wo der Prozeß gegen Miroslav Kvočka, Dragoljub Prčac, Milojica Kos, Mladjo Radić und Zoran Žigić stattfindet, die wegen Mord und Folterungen in den Lagern Omarska und Keraterm angeklagt sind. Oben an der Marmortreppe ist noch ein Metalldetektor. Ich gehe durch (man darf weder Kamera noch Diktiergerät bei sich haben) und steige über eine schmale Eisentreppe hinauf zu Raum drei, vor dem ein Polizist steht. Der Raum ist eher klein und durch kugelsicheres Glas in zwei Hälften geteilt. Der Zuschauerraum mit den unbequemen blauen Plastikstühlen faßt etwa hundert Menschen. Links und rechts in der Ecke befindet sich je ein Fernsehschirm. Hier sieht es nicht aus wie in Filmen oder TV-Serien wie »L.A. Law«. In diesem Gebäude gibt es keine dunkelgetäfelten Säle. Der Raum gleicht eher dem Wartezimmer in einem Krankenhaus. Steril, mit einfacher Möblierung und grauem Teppichboden. Unter dem grellen Neonlicht sehen die Menschen blaß und irgendwie krank aus.

Ich sitze in der ersten Reihe, um besser zu sehen. Aber ich könnte überall sitzen, denn heute bin ich der einzige Zuschauer. Ein bißchen bin ich überrascht: Der Zutritt ist kostenlos, aber anscheinend hat kaum jemand Interesse, die Verhandlung täglich zu beobachten. Es heißt, hin und wieder kämen Jurastudenten oder Angehörige der Beschuldigten. Journalisten erscheinen nur zur Eröffnung eines neuen Prozesses oder zu einer Urteilsverkündung. Dann ist es schwer, einen Platz zu bekommen. Mir gegenüber sitzen drei Richter auf einer Art Podium, die Angeklagten und ihre Verteidiger sind links plaziert und die Ankläger rechts. Die Angeklagten können das Publikum durch die Glasscheibe sehen, uns trennen nur ein paar Meter. Die Glaswand steht wohl hier, um sie vor einem Überfall zu schützen, aber im Moment sieht es so aus, als sollte das Publikum vor den gefährlichen Männern geschützt werden.

Ich betrachte die fünf Angeklagten. Sie sehen so normal aus. Was hatte ich denn erwartet? Hörner? Spitze Ohren? Schließlich waren sie gewöhnliche Polizisten bis auf Žigić, den ehemaligen Taxifahrer. Interessanterweise sieht nur er bedrohlich aus, vielleicht weil er kräftiger gebaut ist als die anderen vier. Er ist dunkel, stiernackig, etwa vierzig, und trägt zum braunen Anzug ein gelbes Hemd. Heute wird sein Zeuge der Verteidigung befragt. Neben ihm sitzt Prčac, ein älterer grauhaariger und hagerer Mann. In seinem grauen Anzug und mit dem angegrauten Schnurrbart ähnelt er einer Maus. Beide sitzen zwischen zwei Polizisten, die gucken, als dächten sie an das letzte Sonntagspicknick. Hinter ihnen, auch zwischen zwei Polizisten, der Rest der Gruppe: Kos und Kvočka wirken wie Radaubrüder vom Dorf, während der untersetzte Radić ein kleiner Fabrikdirektor sein könnte.

Žigić windet sich nervös auf seinem Stuhl, als würde er sich gern eine Zigarette anzünden. Sicher raucht er, wie die meisten bosnischen Männer. Wahrscheinlich möchte er auch einen starken türkischen Kaffee trinken. Ich frage mich, ob man jetzt »serbischer« Kaffee sagt? Tag für Tag sitzen sie hier stundenlang ohne Zigaretten und Kaffee und hören die Übersetzung dessen, was die Anwälte und Richter sagen. Manchmal müssen sie sich vorkommen wie im Film. Vermutlich haben sie nie erwartet, daß sie vor einem ausländischen Gericht landen würden; was ihnen jetzt geschieht, ist so irreal, daß sie glauben, jeden Moment könnte der Vorhang fallen.

Ein Richter befragt einen Zeugen der Verteidigung. Der geschützte Zeuge sitzt vor den Blicken der Zuschauer verborgen hinter einem Plastikwandschirm. Diese Verhandlung dauert schon fast ein Jahr, und wenn Sie zum erstenmal dabei sind wie ich, ist schwer zu begreifen, worum es geht. Nicht wegen des Gegenstands, sondern wegen der Prozedur. Ein Zeuge wird nach den kleinsten Details befragt, und man kann leicht den Faden verlieren, wenn man sich nicht konzentriert. Nicht wegen des Gegenstands, sondern wegen der Prozedur. Ein Zeuge war Aufseher im Lager Keraterm, als es dort in der Nacht des 24. Juli 1992 im Raum drei zum Gemetzel kam, dem mehr als hundert Gefangene zum Opfer fielen. Das Kreuzverhör sieht so aus:

Richter: Haben Sie je den Raum mit den Gefangenen betreten?
Zeuge: Nein.

Richter: Waren Sie in der Nähe der Tür? Wie können Sie wissen, welchen Durchmesser das Faß vor Raum eins hatte?
Zeuge: Die Türen standen offen, man konnte hineinsehen.
Richter: Das Faß war drin oder draußen?
Zeuge: Draußen.
Richter: Woher wissen Sie, daß das Faß dreißig Zentimeter Durchmesser hatte?
Zeuge: Das habe ich geschätzt.

Eine Zeitlang versuche ich zu folgen, ohne zu wissen, warum es so wichtig ist, wo das Faß stand, aber für den Richter ist es wohl wichtig. Aber ich merke, daß die Verhandlung für mich immer langweiliger wird. Ich sehe die Angeklagten an. Žigić bemüht sich um Konzentration, das ist schließlich sein Entlastungszeuge. Doch man erkennt an seinem Gesichtsausdruck, daß er nicht aufmerksam zuhört. Seine Blicke wandern wie meine durch den Gerichtssaal. Kos schaut an die Decke. Prčac scheint mit der Protokollantin beschäftigt, vielleicht weil ihr Kleid so buntgeblümt ist. Ein Anwalt gähnt verstohlen …

Das Kreuzverhör ist lang, detailliert und ermüdend. Ich bewundere das Konzentrationsvermögen der Richter, während ich selbst mit dem Schlaf kämpfe. Nun verstehe ich, warum der Saal leer ist. Eine Verhandlung – jede Verhandlung – ist schmerzhaft lang und langweilig. Andererseits muß es so sein. Hier soll nicht das Publikum unterhalten werden. Es geht um Gerechtigkeit und um Menschenleben, und die Feststellung von jemandes Schuld oder Unschuld hat nichts Spektakuläres.

Jetzt begreife ich, wie sehr wir von all den Verhandlungen in TV-Serien und Hollywoodfilmen vergiftet waren, wo gutaussehende, teuer gekleidete Anwälte hastig Argumente tauschen. In Den Haag findet kein Drama à la Hollywood statt. Das Drama ist, daß all das wirklich geschehen ist – es gibt reale Leichen, reale Opfer und reale Mörder. Und man kann der Wirklichkeit nicht entfliehen.

Ich sehe wieder auf die Uhr. Erst eine Stunde ist vergangen, aber mir kommt es vor wie eine Ewigkeit, so als verginge die Zeit in diesem Gerichtssaal langsamer als draußen auf den Straßen der Stadt. Vielleicht ist es wirklich so. Ich versuche mich wieder zu konzentrieren. Der Aufseher verteidigt Žigić, der an dem Massaker beteiligt war. Er sagt, die Gefangenen hätten einen Ausbruchsversuch unternommen und seien auf der Flucht erschossen worden. Aber wieso das Blut in dem Raum, an den Wänden, fragt der Richter.

Blut an den Wänden?

Plötzlich habe ich das Bild vor Augen und begreife, wovon der Richter spricht. Der Tod von 120 Gefangenen ist keine Abstraktion mehr. In diesem Moment bekommt die langwierige Befragung eine andere Bedeutung. Als ich am Ende dieses Verhandlungstages die Beschuldigten betrachte, erscheinen sie verändert. Ich sehe nicht mehr ihre gewöhnlichen Gesichter, sondern blutbespritzte Wände.

3. Ein selbstmörderisches Szenario

Am 28. August 2000 wurde Milan Levar ermordert, ein kroatischer Kriegsveteran aus Gospić und Zeuge von Kriegsverbrechen. Nach dem Prozeß gegen die Gospić-Gruppe wurde sein vermeintlicher Mörder, Ivica Rožić, aus Mangel an Beweisen aus der Haft entlassen.

Zehn Jahre nach dem Krieg in Kroatien ist er noch immer nicht zu Ende, jedenfalls nicht für Vesna und Leon Levar in Gospić. Wenn sie das Haus verlassen, müssen sie sich bei der Polizei melden, damit man ihnen Geleitschutz stellt. Bevor sie das Grab von Ehemann und Vater Milan Levar besuchen dürfen, wird der Friedhof gründlich durchsucht. Die Leute in Gospić reden nicht mit Vesna, und die Kinder spielen nicht mit dem elfjährigen Leon Fußball. Sie gehören zum »feindlichen« Lager. Das ist ungewöhnlich in einer kleinen Stadt von 6000 Einwohnern, zumal Vesna und Leon nichts Böses getan haben. In ihren Adern fließt nicht einmal das »falsche«, serbische Blut. Heutzutage gibt es kaum noch Serben in Gospić. Doch die beiden sind so etwas wie Kriegsgefangene.

»Bei der Seelenmesse ein Jahr nach dem Tod meines Mannes waren wir die einzigen auf dem Friedhof – kein Vertreter der Regierung ist erschienen«, sagt Vesna. Aber jemand muß vor ihr das Grab besucht haben, denn sie fand eine Blume. Eine einzelne Plastikblume zum Zeichen dafür, daß jemand an ihn dachte. Nur hatte diese Person nicht den Mut, sich am Grab zu zeigen. Aus Angst, denn der Fall ist noch nicht gelöst, und der Mörder befindet sich auf freiem Fuß. Die Presse schreibt, die Polizei kenne den Mörder, habe jedoch nicht genügend Beweise für seine Festnahme.

Milan Levar ist der erste Zeuge des Haager Tribunals, der aus Rache umgebracht wurde. Ein einziger Spaziergang reicht, um zu begreifen, daß Engstirnigkeit und provinzielles Denken zu Levars Tod geführt hat. Es braucht eine halbe Stunde, um die ganze Stadt zu sehen. Wie die Menschen tragen hier auch die Gebäude tiefe Narben des Krieges: Fassaden, die sich schälen wie verbrannte Haut, zerschlagene Fenster, leere Ruinen und zerschossener Asphalt. Durch klaffende Mauerlöcher blickt man ins Innere einst behaglicher Wohnräume. Die Mauern sind nicht nur vom Feuer des Feindes geschwärzt, sondern auch von nachbarlicher Hand. Überall stehen Ruinen als Monumente der zwei Herbstmonate 1991, als die Serben Tausende Granaten auf die Stadt abschossen. Es muß einen verrückt machen, jeden Morgen beim Aufwachen diese Trümmer zu sehen und sich an die Häuser zu erinnern, die früher dort standen.

Durch die Hauptstraße spazieren unrasierte Männer in Tarnanzügen, als dauere für sie der Krieg noch immer an, so wie er für die Familie Levar andauert. Sie haben kaum etwas zu tun in dieser halbtoten Stadt, also trinken sie Kaffee und Rakija und reden über Politik und warten darauf, daß etwas geschieht. Jeder, der konnte, ist lange vor dem Krieg weggegangen. Die Menschen kommen nicht zurück, sie haben keinen

Grund dafür. Vor zehn Jahren war Gospić ein verschlafenes Provinznest, wo man bequem lebte und die Kinder ungefährdet auf der Straße spielen konnten. Wenn jemand nur nieste, kam schon der Nachbar, um ihm zu helfen. Bis dieser selbe Nachbar kam, um ihn festzunehmen.

Betritt man die Stadt, begreift man, daß die Menschen hier von Angst beherrscht sind. Es sind nicht viele, und jeder weiß alles über jeden: was die Nachbarn zu Mittag kochen, aus welchem geplünderten Haus ihr Teppich, Kühlschrank oder Fernseher stammt und was sie während des Krieges getan haben. Sie haben guten Grund, einander zu fürchten. Das hat mit dem »Fernseher-Syndrom« zu tun. Wenn Sie das erwähnen, wissen die Leute genau, was Sie meinen: Daß die meisten von ihnen den Krieg ausnutzten, um sich Fernsehgeräte und ähnliches aus verlassenen Häusern anzueignen. Natürlich gibt es solche, die viel Schlimmeres getan haben, aber wenn man dafür Gerechtigkeit fordert, hört man nur: »Sei bloß still; du hast einen Fernseher gestohlen.« Als könne man einen Mord mit dem Diebstahl eines Fernsehgeräts vergleichen. Die Anspielung auf den Diebstahl bringt jeden zum Schweigen.

Denn in Gospić hält man den Mund. Es ist eine Verschwörung des Schweigens, wie die italienische *omertà*. Ein so gefährliches, drohendes Schweigen ist in einem kleinen Ort fast greifbar. Zwar fahren Autos vorbei, Kinder weinen, in den Cafés spielt laute Musik, doch es tritt tödliche Stille ein, wenn Sie über bestimmte Themen sprechen wollen. Zum Beispiel will niemand darüber Auskunft geben, was mit den serbischen Zivilpersonen im Oktober 1991 geschah oder warum Milan Levar umgebracht wurde. Wenn man seinen Tod erwähnt, folgt meist ein Fluch. »Man hätte ihn früher beseitigen müssen. Er ist ein Verräter und wurde Gott sei Dank liquidiert«, kommentierte ein Nachbar wenige Stunden nach Levars Beisetzung.

Jemand muß sehr verhaßt sein, um auch post mortem derart zynische Reaktionen hervorzurufen. Levar war so ein Mensch. Er wagte es, anders zu sein in einem Provinzstädtchen, wo man nicht anders sein durfte. Er glaubte, der Gerechtigkeit müsse Genüge getan werden, und es lohne, dafür zu kämpfen. Mehr noch, er glaubte, er könne vor Gericht über die Kriegsverbrechen an serbischen Zivilisten in Gospić Zeugnis ablegen und trotzdem unter Menschen weiterleben, die sich die Hände schmutzig gemacht hatten. Indem sie Serben verhafteten, Gräber aushoben, fremdes Eigentum stahlen oder einfach die Augen vor alldem verschlossen, was geschah. Er kannte die Geheimnisse seiner Nachbarn und wurde zur Bedrohung.

Er hätte es besser wissen müssen. Ihr Haß war greifbar. Er mußte ihn spüren, sobald er den Fuß vor das Haus setzte. Mußte ihn in den Gesichtern der Menschen sehen, die ihm täglich begegneten. Für seine Familie mußte jeder Einkaufsgang sein wie eine Expedition in feindliches Gebiet. Wenn jemand Sympathie zeigte, dann heimlich, im Schutz der Nacht. Wie konnten die Levars all das überleben? Seine Frau Vesna wurde täglich bei der Arbeit bedroht, welche die einzige magere Einkommensquelle der Familie war. Und wie oft wurde der kleine Leon von seinen Mitschülern als »Tschetnik-Bastard« beschimpft? Dieser Haß mußte sie zermürben. Sie waren nicht aus Stahl. Für Levar mußte es umso schmerzlicher sein, da Gospić seine

Heimatstadt war. Aber er glaubte, stark genug zu sein, um gegen die provinzielle Lethargie und Angst zu kämpfen.

Sein größter Fehler war nicht, daß er beabsichtigte, vor dem Tribunal die Wahrheit zu sagen, sondern daß er glaubte, danach in Gospić weiterleben zu können. Das war eine selbstmörderische Entscheidung. Denn es war nicht möglich, unter Menschen zu leben, die er hinter Gitter bringen wollte, zumal einige von ihnen noch immer an der Macht waren. Statt Kriegsverbrechen offenzulegen, vertuschten sie sie. Sie hatten ihre Gründe dafür, und Levar wußte das.

Doch was geschah in jenem Winter in Gospić? Wovon wurde Milan Levar Zeuge, weshalb er so teuer bezahlen mußte?

Im Herbst 1991 traten zwei Männer aus Zagreb zur Verteidigung von Gospić an, gegen wen, ist ungewiß, so waren die Zeiten. Oder vielleicht wollten sie sich selbst verteidigen. Es waren Tihomir Orešković, der Chef der provisorischen Zivilverwaltung, und Mirko Norac, der sich an die Spitze der militärischen Verteidigung stellte. Ihre Namen sollte man sich merken. Sie verteidigten die Stadt erfolgreich, obwohl einige Leute sagen, daß die Schlacht um Gospić schon geschlagen war, als sie eintrafen. Beide hatten eine zusätzliche Aufgabe – die Stadt von unerwünschten Serben zu »säubern«. In der erhitzten Kriegsatmosphäre war es leicht, jemanden ohne Beweise der Zusammenarbeit mit dem Feind zu verdächtigen. Sie stellten eine Liste serbischer Zivilisten zusammen, die damals noch in der Stadt lebten. Binnen drei Tagen, zwischen dem 16. und 18. Oktober, verschwanden etwa 120 Serben und vierzig Kroaten. Wie Levar, aber auch andere bezeugten, wurden die serbischen Zivilisten mit Lastwagen außerhalb der Stadt gebracht, um dort von Militärpolizei unter dem Kommando von Norac exekutiert und in Massengräbern verscharrt zu werden.

Daraufhin wurden nicht nur die verlassenen Häuser der ermordeten Serben geplündert, sondern auch die von Menschen, die vorher aus der Stadt geflohen waren. Später wurden sie in Brand gesteckt. Kaum jemand beteiligte sich nicht daran. Es war der Beginn der Schreckensherrschaft einer kleinen Gruppe um Orešković und Norac. Sie machten, was sie wollten, entschieden über Leben und Tod und bereicherten sich in dubioser Weise. Da fast niemand in Gospić an den Ereignissen vom Oktober 1991 unschuldig war, herrschte allgemeines Schweigen. Selbst die Unschuldigen wagten nichts zu sagen. Es war leicht, an einem Ort zu herrschen, wo alle schwiegen – wenn sie überleben wollten.

In dieser verwüsteten Stadt an der Frontlinie übernahmen Orešković und Norac alle Macht, ohne daß sich ihnen jemand entgegenstellte. »In jener Zeit der Kriegseuphorie war es einfach, das verzweifelte Volk zu regieren. Es gab so viele verlassene Häuser, aus denen man holen konnte, was einem gefiel. Mit den paar übriggebliebenen Menschen konnte man tun, was man wollte, denn sowohl Kroaten als auch Serben waren geflohen, wenigstens diejenigen, die die Möglichkeit hatten«, sagte Levar später.

Er war entsetzt, weil weder Armee noch Polizei noch irgendwer in der Regierung versuchte, dem Terrorregime von Orešković und Norac Einhalt zu gebieten. Zusammen mit zwei Kollegen, Zdenko Ropac und

Zdenko Banda (beide verstecken sich heute in Deutschland), nahm Levar Kontakt zu einigen wichtigen Leuten in der Regierung auf und informierte sie über die Situation in Gospić. Er wußte, wovon er sprach, denn Orešković hatte ihn selbst mit vorgehaltener Pistole gezwungen zuzusehen, wie ein serbischer Zivilist mit einem Telefonkabel stranguliert wurde.

So viele Menschen konnten nicht spurlos verschwinden. Die Machthaber in Zagreb wußten Bescheid, denn die Angehörigen der Verschwundenen wandten sich an verschiedene Regierungsvertreter. Eine Untersuchung mußte eingeleitet werden. Ante Karić, der Chef des Krisenstabs, wurde aus Zagreb Anfang November 1991 nach Gospić geschickt und erstellte einen detaillierten Bericht über das Regime der Militärpolizei: Menschen verschwanden über Nacht, der Schwarzmarkt florierte, die verlassenen Häuser von Kroaten wie Serben wurden geplündert und dann in Brand gesteckt. Der Bericht wurde an Präsident Franjo Tudjman und an Josip Manolić, den Chef der Geheimpolizei, geschickt. Wieder schickte das Büro für Verteidigung und Verfassungsordnung jemanden nach Gospić. Rikard Pavelić schilderte unter dem Datum vom 20. Dezember 1991 die Atmosphäre des Terrors: Menschen verschwanden auf mysteriöse Weise, täglich wurden neue Leichen entdeckt. »Für die meisten Liquidationen gibt es Zeugen. Die Militärpolizei brachte die Menschen nach Perušić und andere Orte, wo sich ihre Spuren verloren.« Der Polizeichef von Gospić, Ivan Dasović, beschrieb die Massenmorde aus erster Hand, denn er war persönlich anwesend, als eine große Gruppe serbischer Zivilisten liquidiert wurde. Er listete nicht nur die Beteiligten auf, sondern hatte selbst geschossen. Der befehlshabende Offizier Norac hatte gebrüllt: »Schieß, schieß, was wartest du!«

Die kroatische Regierung und der Präsident waren informiert, und es gab genügend Beweise für Kriegsverbrechen. Etwas mußte getan werden, also nahm man Orešković fest. Nebst einigen anderen wurde er nach Zagreb gebracht und vernommen. Aber nach einer Intervention des Verteidigungsministers Gojko Šušak wurde die Vernehmung eingestellt und Orešković freigelassen. Šušak hatte großen Einfluß auf Tudjman, und obwohl dieser wußte, daß es um Kriegsverbrechen ging, hielt er es für besser, nichts gegen Orešković und Norac zu unternehmen.

Als Levar, Ropac und Banda begriffen, daß sie mit ihren Berichten nur das eigene Leben in Gefahr brachten, gaben sie ihre Jobs bei der Polizei auf. Levars Verzweiflung ist leicht nachzufühlen. Warum ging er damals nicht aus Gospić weg? Nur aus Starrköpfigkeit? Hatte er andere Gründe? Die ihn kannten, beschreiben ihn als einen ehrenwerten und prinzipienfesten Mann. Er wollte nicht, daß der neue Staat Kroatien auf Kriegsverbrechen errichtet wurde. In einem Interview mit dem Wochenblatt *Feral Tribune* aus Split sagte er 1996: »In der Lika regiert heute die Angst. Damit diese Angst verschwindet, müssen die Menschen endlich ihren Taten ins Auge sehen. Es muß festgestellt werden, wer gemordet und geraubt hat, und alle müssen die Konsequenzen tragen. Denn die Verbrecher, die alle Macht in Händen hatten, haben uns zu Gefangenen gemacht und behandeln uns wie Sklaven.«

Doch auch die Regierung wollte den »Fall Gospić« nicht untersuchen; es hätte nicht gut ausgesehen, wäre bekannt geworden, daß auch Kroaten, nicht nur Serben Kriegsverbrechen begangen hatten. Dafür gab es politische Gründe.

Damals kämpfte Kroatien um die internationale Anerkennung als unabhängiger Staat. Die Wahrheit über die Ermordung serbischer Zivilisten in Gospić konnte dieser Anerkennung hinderlich sein. Die Sache mußte vertuscht werden. So wurde die Wahrheit im Namen höherer (politischer) Interessen unter den Teppich gekehrt. Die Herrschenden in Gospić hatten das Geheimnis zu wahren.

Da begriff Levar, daß er die Situation nur mit Hilfe der öffentlichen Meinung ändern konnte. Bekam er genügend Unterstützung, mußte die Regierung Orešković und Norac wieder ins Verhör nehmen. Aber als er dem Magazin *Globus* seine Beobachtungen mitteilte, erhielt er nur Drohungen.

Schweigen verhüllte den »Fall Gospić«, bis Tihomir Orešković 1996 seine Macht festigen wollte, indem er für den Posten des Bürgermeisters in Perušić kandidierte. Levar wandte sich wieder an die Presse, wieder an *Feral Tribune*. Diesmal erhielt er mehr Aufmerksamkeit, selbst ausländische Zeitungen schrieben über den Fall Gospić. Doch wieder erfüllten sich seine Hoffnungen nicht; obwohl Orešković seine Kandidatur zurückzog, gab es keine Untersuchung.

Levars öffentliche Auftritte bewirkten nicht den erhofften Druck auf die Behörden. Seine Story wurde nicht nur in Gospić, sondern in ganz Kroatien mit Gleichgültigkeit aufgenommen. Alle schienen blind und taub. Vielleicht dachten alle an die »nationalen Interessen«, doch ebenso konnte es um ganz persönliche Interessen gehen. Levar und Bando wurden jetzt offen bedroht. Im Haus von Levars Mutter wurde

Sprengstoff gefunden, ebenso in Bandas Datscha in Karlobag. Die Botschaft war klar und deutlich: Hört auf zu reden, oder …

In seiner Erbitterung und Enttäuschung konnte sich Levar nur noch an das Tribunal in Den Haag wenden. Alles, was er bisher versucht hatte, war erfolglos gewesen. Vor dem Haager Tribunal sagte er 1997 und 1998 aus. Er glaubte, damit die kroatische Regierung endlich zu einer Untersuchung des Falls Gospić zwingen zu können.

Die Mitarbeiter des Tribunals wußten, was Levars Aussage bedeutete und wie gefährlich sie für ihn war. Sie wußten auch, daß es für Levar in Gospić kein Leben mehr gab, seit er zum »Verräter« erklärt worden war. Sie boten ihm an, samt seiner Familie unter neuer Identität ins Ausland zu gehen. Doch Levar lehnte den Status eines geschützten Zeugen ab; er glaubte, der Auftritt in der Öffentlichkeit sei Schutz genug. Er wolle Kroatien auch deshalb nicht verlassen, weil seine Anwesenheit andere Menschen dazu bringen könne, Zeugnis abzulegen. Er war naiv, so als hätte er vergessen, daß er es mit Mördern zu tun hatte. Und er vertraute zu sehr dem kroatischen Rechtssystem. Die beiden anderen Zeugen, Zdenko Banda und Zdenko Ropac, hatten keine Skrupel und gingen nach Deutschland.

Das Tribunal wollte Levar dennoch helfen und ersuchte die kroatische Regierung, ihn zu schützen. Aber gelangte dieses Ersuchen bis zur Polizei in Gospić? Selbst wenn, die Polizei in Gospić hätte kaum einen Menschen geschützt, der bereit war, die Kriegsverbrechen offenzulegen. Außerdem hatte sich nach dem Krieg nicht viel geändert, dieselben Leute waren an der Macht. Für sie war Levar jemand, der zuviel wußte und zuviel redete. Man hatte ihn mehrmals gewarnt, und er mußte die Botschaft verstanden haben.

Der Regierungswechsel nach den Wahlen im Januar 2000 hat ihm wohl Hoffnung gemacht, doch sie dauerte nicht lange. Monate vergingen, ohne daß es zu einer Untersuchung im Fall Gospić oder ähnlichen Kriegsverbrechen kam. Er muß furchtbar enttäuscht gewesen sein, denn er dachte daran, Kroatien zu verlassen. »In letzter Zeit hatte Milan den Wunsch wegzugehen«, erinnert sich Vesna weinend. »Ich werde mir nie verzeihen, daß ich ihm das ausgeredet habe.«

Sieben Monate später, am Nachmittag des 28. August 2000, kam Milan Levar durch eine Bombenexplosion ums Leben.

Es geschah im Hof seiner Mutter. Die Bombe war im Reserverad seines Autos versteckt. Sein Sohn Leon war bei ihm. Er versuchte dem Vater zu helfen, ihn auf den Rücken zu drehen, doch es war zu spät. »Er hat mein Mobiltelefon angerufen, konnte aber nicht sprechen, nur schreien«, erzählt Vesna. Levars Tod überraschte niemanden in Gospić. Die Stadt ist zu klein, als daß dort ein Mensch überleben könnte, der als Verräter gilt. Es gibt kein Versteck. Ein Zeuge unter 6000 Menschen zu sein, ist weit gefährlicher als in einer Millionenstadt wie Zagreb. Levar wurde durch eine Bombe getötet, aber in all den Jahren war er ein Opfer des Schweigens. Des Schweigens der Nachbarn, der Freunde, der Provinz, der öffentlichen Meinung wie auch der Vertuschungsmanöver seitens der Zagreber Regierung. All das sollte sich ändern, wenn er die Verbrechen publik gemacht hatte. Levar hoffte darauf, daß dann der Geist aus der Flasche entweichen und es kein Zurück mehr zu der geheuchelten Interesselosigkeit geben würde.

Aber was tun, wenn man ein Verbrechen offenlegt und nichts geschieht? Keine Reaktion. Kein Druck. Nur lastendes Schweigen, schlimmer als zur Zeit der Ereignisse in Gospić. Levar begriff die Apathie der Menschen nicht, die ihm einfach nicht zuhören wollten und die Tatsachen ignorierten, selbst wenn sie ihnen vor Augen gehalten wurden. Er hatte sich wieder verkalkuliert und muß sich gefragt haben, warum. Was in Gospić geschehen war, galt für ganz Kroatien. Zu viele Menschen hatten sich an den »ethnischen Säuberungen« beteiligt und davon profitiert. Und die nicht profitiert hatten, verstummten vor Angst. Und zu wenige waren bereit, Levar zu unterstützen und die Wahrheit zu hören.

Die öffentliche Meinung zu stören, war seine einzige Chance. Und weil das scheiterte, ist Levar heute tot. Die öffentliche Meinung indes ist nichts Abstraktes. Das sind wir, die Bürger Kroatiens. Und für unser Versagen können wir niemand anderem die Schuld geben. Die Angst, die kleinen Gaunereien und das Schweigen trugen dazu bei, daß die Bombe explodieren und Levar töten konnte.

Zu seinem Begräbnis kamen nur ein paar Trauergäste. Statt sich zum Massenprotest auszuweiten, wurde es zu einem weiteren Verrat. Einige hatten Angst, anderen war es egal. Armee und Geistlichkeit waren nicht vertreten, nur einige Abgesandte von Menschenrechtsorganisationen, Journalisten und kaum ein Politiker. Die Abwesenheit der kroatischen Öffentlichkeit war beredter, als es ihre Anwesenheit hätte sein können.

Nach dem Mord an Levar mußten die Behörden Ermittlungen einleiten, nicht nur im Fall Levar, sondern auch im ganzen Fall Gospić. Tihomir Orešković und vier weitere Männer wurden verhaftet. Ihr Prozeß begann im Oktober 2000.

Auch Norac steht heute vor Gericht. Doch die Erbitterung über den »Verrat an unseren Helden« wurde zu einem wichtigen Element im politischen Leben Kroatiens, etwas, das man sehr ernst nehmen muß. Viele Menschen verteidigen Norac, weil sie selbst im Krieg Schuld auf sich geladen haben. Aber sie sind auch irritiert. Wie kann es sein, daß Norac und Orešković gestern Helden waren und Serben töten durften, während sie heute deshalb vor Gericht stehen? Waren sie heroische Verteidiger des Vaterlands oder bloß Kriminelle? Denn beides auf einmal geht nicht.

Zehn Jahre, nachdem die Verbrechen in Gospić verübt wurden, ist die Angst vor der Wahrheit noch immer groß. Der Staat Kroatien ist unentschlossen, die internationale Gemeinschaft gleichgültig, und die öffentliche Meinung schweigt.

4. Die Jungs hatten nur ihren Spaß

Dragoljub Kunarac, Radomir Kovač und Zoran Vuković – bosnische Serben aus Foča in der Republika Srpska – waren die ersten Männer, die wegen Massenvergewaltigung bosnischer Musliminnen als Verbrechen gegen die Menschlichkeit angeklagt wurden. Am 22. Februar 2001 wurden sie vom Internationalen Gerichtshof in Den Haag zu Freiheitsstrafen von 28, 20 und zwölf Jahren verurteilt. Sechs Monate später wurden die Urteile bestätigt.

Ich erinnere mich nicht an ihr Gesicht, vielleicht habe ich es überhaupt nicht gesehen. Viele Frauen, die in diesem Prozeß als Zeuginnen aussagten, waren vor den Blicken der Zuschauer geschützt, ihre Gesichter auf den Bildschirmen und manchmal auch ihre Stimmen waren unkenntlich gemacht. Aber eine Stimme ist mir im Gedächtnis geblieben.

Diese Frau war Zeugin im Prozeß gegen Dragoljub Kunarac, Radomir Kovač und Zoran Vuković – dem sogenannten »Fall Foča«. Als sie an die Reihe kam, konnte sie nicht sprechen. Sie saß Kovač gegenüber, dem Mann, der ihre Tochter gefangen gehalten, vergewaltigt und schließlich für 200 DM an einen montenegrinischen Soldaten verkauft hatte. Zum letzten Mal hatte sie ihr Kind gesehen, als sie zu einem Bus ging, der Menschen aus Foča wegbrachte. Zehn Jahre waren vergangen, der Krieg war längst beendet, doch ihre Tochter war nie zurückgekommen. Die Frau sah den Angeklagten an und war unfähig, etwas zu sagen, als würde ihr die Kehle zugepreßt. Sie bemühte sich sehr, das sah man, doch sie brachte nur einen leisen Ton zustande.

Der Anklagevertreter zeigte ihr ein Foto der Tochter (das die Initialen A.B. trug) und fragte, wie alt sie gewesen sei, als die Aufnahme gemacht wurde. Statt einer Antwort begann die Mutter zu weinen. Das war kein Weinen. Es war, als würde sie vom Schluchzen innerlich zerrissen. Dieser eher animalische als menschliche Laut dauerte nicht länger als eine halbe Minute.

Das Mädchen A.B. war zwölf, als sie dem 40jährigen Kovač in die Hände fiel. Ich habe selbst eine Tochter und weiß noch, wie sie mit zwölf Jahren war. Ihre Menstruation hatte noch nicht eingesetzt, ich ließ sie nicht allein ins Kino gehen, sie trug eine Brille und Turnschuhe. Mit zwölf war sie noch ein Kind, ebenso wie A.B. Kovač ist nicht nur ein Vergewaltiger, sondern auch pädophil. Aber dieser Unterschied war für die Mutter bedeutungslos. Ihr lag nur an Gerechtigkeit. Sie wollte, daß Kovač bestraft wird, obwohl keine Strafe der Welt ihr die Tochter zurückbringen konnte. Vielleicht wollte sie nach all den Jahren einfach ihre Geschichte loswerden, aber sie gab nur diesen seltsamen Ton von sich.

Diese Stimme war unerträglich. Ich kann keinen Hund winseln hören, einen Menschen erst recht nicht. Es gibt keinen größeren Schmerz, als ein Kind zu verlieren. Und nun saß die Mutter Kovač gegenüber und sollte sprechen. Doch der Schmerz überwältigte sie.

Kovač war kaum beeindruckt. Weder rührte er sich noch wechselte er den Gesichtsausdruck. Es sah aus, als habe er nichts gehört und als berühre ihn das Geschehen im Gerichtssaal kaum. Mit jeder Geste drückte er seine Nonchalance, ja Gleichgültigkeit aus. Und der Kontrast zwischen der weinenden Mutter und dem ungerührten Kovač zeigte die Essenz dieser Verhandlung: Aus Sicht der Angeklagten handelte es sich um ein reines Mißverständnis.

Kovač ist ein großer, schlanker Mann mit länglichem Gesicht und kurzem Haar. Man könnte fast sagen, daß er gut aussieht oder jedenfalls besser als die anderen beiden Angeklagten. Wäre nur nicht dieser Gesichtsausdruck. Um seinen Mund liegt ein kleines, zynisches Lächeln. Dafür könnte er wegen Nichtachtung des Gerichts verwarnt werden. Gekleidet in einen dunkelgrauen Anzug, den er im früheren Leben sicher nur bei Hochzeitsfeiern und Begräbnissen getragen hat, sitzt er zurückgelehnt, scheinbar gelassen. Auf den ersten Blick wirkt er korrekt, wie jemand, dem Sie Ihre Tochter anvertrauen würden, damit er sie ins Krankenhaus bringt. Aber statt dessen hat Kovač sie vergewaltigt, obwohl sie ein Kind von erst zwölf Jahren war. Danach hielt er sie zusammen mit anderen Mädchen zwischen fünfzehn und zwanzig Jahren gefangen. Um sie schließlich dem Montenegriner zu verkaufen, worauf sie nie wieder gesehen wurde.

Dragoljub Kunarac, der zweite Vergewaltiger aus Foča, ist ein eher kleiner 40jähriger mit zwei tiefen, senkrechten Falten in den eingefallenen Wangen. Sein Gesicht ist hart, wie aus Holz geschnitzt. Er wirkt ausgedörrt, aber straff wie die Männer, denen man oft in Bergdörfern begegnen kann. Sein dunkles, lockiges, aus der Stirn zurückgewichenes Haar sieht aus, als würde es nicht zu oft gewaschen. Er hat große dunkle Augen. Allerdings ist seine Erscheinung nicht gerade sympathisch, und man kann sich ihn in Tarnuniform mit Pistole oder Gewehr in der Hand vorstellen. Im Unterschied zu Kovač sitzt er vornübergebeugt und betrachtet die Richter mit gerunzelter Stirn und angespannter Miene.

Wenn Sie wissen, was der dritte Angeklagte, Zoran Vuković, getan hat – er vergewaltigte unter anderen eine 15jährige –, würden Sie meinen, er sähe gefährlich aus. Aber er wirkt nicht bedrohlich, er ist klein und schwächlich, zumal im Vergleich mit Kovač. Er hat helles Haar, graue und ungesunde Haut. Am auffälligsten ist, daß er kein Kinn zu haben scheint. Zu Beginn des Prozesses ließ er sich einen kurzen Bart stehen, wohl um den Mangel auszugleichen. Am Tag der Urteilsverkündung war er glattrasiert, und sein Kinn verschwand wieder in den Halsfalten. Sein Gesicht drückte keine Gefühle aus. Vielleicht hatte er keine. Die Anklage betrachtete ihn wohl als weniger grausam, obwohl eine der Zeuginnen berichtete, er habe ihr gesagt, daß er ihren Onkel töten mußte. Ich mußte, sagte er, als appelliere er an ihr Verständnis. Vuković ist der älteste von den dreien. Aber das machte ihn nicht zur Führerfigur, er ließ sich lieber leiten. Jedenfalls hat er etwas Schleimiges: Nachdem er die 15jährige vergewaltigt hatte, erklärte er ihr, er hätte sie auch härter anfassen können, habe sich jedoch zurückgehalten, weil seine Tochter im gleichen Alter sei.

Wenn Sie einem von den dreien auf der Straße begegneten, würden Sie ihn nicht für gewalttätig halten.

Sie unterscheiden sich nicht von anderen Männern, sind einfach Jungs, die im Kaffeehaus abhängen. Dann kam der Krieg. Und jetzt sind sie im Gefängnis. In den Zeitungen steht, was sie getan haben, und Sie fragen sich, wie das möglich war. Können sich normale Männer so verhalten? Ihre Nachbarn? Nein, unmöglich. Sie sehen immer noch ganz normal aus, obwohl sie langsam Zweifel bekommen. Sie suchen nach Anzeichen von Perversion, an denen man solche Kriminelle erkennen könnte. Doch die gibt es nicht.

»Sie waren Nullen, die umhergingen und Zigaretten schnorrten«, berichtete eine Zeugin über die drei aus Foča. »Aber dann brach der Krieg aus, sie kamen an Waffen heran und waren auf einmal groß und stark. Mutig waren sie nur gegenüber uns Frauen und Kindern.« Vielleicht hat die Zeugin recht, vielleicht wurden alle Nullen zu Kriegsverbrechern. Vielleicht hatte auch die Richterin Florence Mumba recht, als sie sagte: »Es ist bewiesen, daß Kriminelle in Kriegszeiten Einfluß auf hilflose Zivilisten haben.«

Aber wenn sie recht hat, mußte es viele *Kriminelle* gegeben haben, die fähig waren, Zehntausende Frauen zu vergewaltigen und 200 000 Menschen zu töten. Wir sprechen hier von Tausenden Männern, die das getan haben. Waren die meisten von ihnen Kriminelle? Kaum zu glauben. Es wird wohl eher so sein, daß der Krieg normale Männer – Kraftfahrer, Kellner, Verkäufer – wie diese drei Angeklagten zu Kriminellen gemacht hat. Da war Opportunismus und Angst im Spiel, aber auch Überzeugung. Hunderttausende glaubten mit dem, was sie taten, im Recht zu sein. Anders läßt sich die große Zahl der Vergewaltigungen und Morde nicht erklären.

Der Prozeß muß den drei Angeklagten unwirklich vorgekommen sein: der Gerichtssaal mit der Glaswand in der Mitte, die Anwälte in ihren schwarzen Roben, die Richter auch in schwarzen Roben, aber mit roten Kragen, die sterile Atmosphäre, die fremden Sprachen, die hier gesprochen wurden …

Solange sie in ihrer kleinen Gebirgsstadt lebten, konnten sie sich nicht vorstellen, daß sich die Welt für das interessieren würde, was sie getan hatten, daß man einen Gerichtshof gründen würde, um sie wegen Verbrechen gegen die Menschlichkeit anzuklagen, und daß eine Frau – eine schwarze Frau, so eine war ihnen bestenfalls im Fernsehen unter die Augen gekommen – den Vorsitz innehaben würde. Und jetzt saßen sie im Gefängnis hoch im Norden in einem fremden Land, das sie freiwillig nie besucht hätten, und waren ausländischen Juristen ausgeliefert.

Weder Kovač noch Vuković, noch Kunarac ließen Reue erkennen, während sie tagelang die Aussagen der Frauen hörten.

Die Mutter der kleinen A. B. war eine von dreißig, die hier befragt wurden. Sie blieben meist anonym, bezeichnet als FWS-87, FWS-191, FWS-50 oder mit ihren Initialen. Über die Glaswand wurde ein gelber Plastikvorhang gezogen, damit das Publikum sie nicht sehen konnte. Aber mit den Angeklagten hatten sie Blickkontakt.

Die drei Vergewaltiger aus Foča hätten sich wahrscheinlich nie vorstellen können, daß sie ihren Opfern einmal in einem Gerichtssaal gegenübersitzen würden. Sie wußten, daß Frauen, zumal Musliminnen, gewöhnlich nicht über ihre »Schande« sprechen. Diesmal irrten sie sich. Die vergewaltigten Bosnierinnen waren nicht nur bereit zu sprechen, sondern auch vor dem Tribunal als Zeuginnen aufzutreten. Sie weinten oft, doch sie beschrieben genau, wie sie zuerst ins Motel »Buk Bijela«, dann ins Gymnasium der Stadt und den Saal »Partisan« und schließlich in Privatwohnungen gebracht wurden, wo man sie monatelang sexuell mißbrauchte.

Manchmal wurden sie gezwungen, Kovač und seine Kumpanen zu »unterhalten«, bevor diese ans Werk gingen. Die Zeugin FWS-87 erinnert sich, daß sie und andere Mädchen mehrmals nackt auf Tischen tanzen mußten, während Pistolen auf sie zielten. Oder es wurde bei den Vergewaltigungen klassische Musik gespielt. »Das war so demütigend, denn er behandelte mich wie sein Eigentum«, sagte FWS-87. Eine Zeugin berichtete, daß man sie mit einem Messer an der Kehle unbekleidet durch die Straßen von Foča gejagt hatte. Einige wurden geschlagen, anderen Soldaten verkauft oder ausgeliehen, einige verschwanden. Eine erzählte, daß schon am ersten Tag – dem Tag, an dem ihre Mutter getötet wurde – 20 Soldaten über sie herfielen. Einige sexuelle Perversionen konnten die Zeuginnen nicht mit Worten beschreiben.

Es gab weitere Männer, die dasselbe taten wie dieses Trio aus Foča, der kleinen bosnischen Gebirgsstadt. Die meisten wird man vermutlich nie festnehmen. Die bosnische Regierung schätzt, daß etwa 60 000 Frauen vergewaltigt wurden. Dieser Terror war ein Mittel der »ethnischen Säuberung«, wie das Tribunal während des Prozesses feststellte. Die »Säuberung« ist gelungen, denn es leben kaum noch Muslime in Foča, das, in Srbinje umbenannt, zur heutigen Republika Srpska gehört.

Jeder Inhaftierte, der zum ersten Mal vor die Richter des Tribunals tritt, muß für »schuldig« oder »nicht schuldig« plädieren. Bis auf wenige Ausnahmen erklärten sich alle als nicht schuldig. Eine der Ausnahmen war Kunarac, der sich anfangs »schuldig« bekannte, es sich dann aber doch anders überlegte.

Bei den drei Vergewaltigern fragt man sich, was sie meinen, wenn sie sagen, daß sie sich nicht schuldig fühlen. Die gemordet oder Morde befohlen haben, könnten sagen, sie wären sonst selbst getötet worden – was eine Erklärung, aber keine Rechtfertigung für ihr Vorgehen wäre.

Es gab keinen Befehl zur Vergewaltigung, die Soldaten wurden nur dazu ermutigt, weil das eine effektive Methode ist, die Bevölkerung zu ängstigen und zu demütigen. Wenn sie auf »nicht schuldig« plädieren, glauben die Angeklagten, man könne ihnen nichts nachweisen, oder sind sie wirklich von ihrer Unschuld überzeugt? Sie waren ein bißchen grob zu den Mädchen, aber schließlich haben sie sie weder ermordet noch den Befehl dazu gegeben. Verglichen mit Goran Jelisić, der eigenhändig Menschen umbrachte, war das, was die drei aus Foča taten, zumindest in ihren Augen kein Verbrechen. Zumal dort, woher sie stammen, die Männer ihre eigenen Frauen oft als bloßes Arbeitsvieh betrachten. Der Mann ist der Herr im Haus, die Frau hat zu schweigen und zu gehorchen, und daran wird er sie nicht selten durch Schläge erinnern. Vergewaltigung? Was ist das schon? Eine Frau zu nehmen, wann und wo immer man will? Das ist das Recht des Mannes, jedenfalls wenn es um seine Ehefrau geht. Auf Vergewaltigung anderer Frauen stand in Jugoslawien eine Freiheitsstrafe bis zu 15 Jahren, aber die meisten Angeklagten kamen mit ein, zwei Jahren davon. Mit Mord verglichen, ist Vergewaltigung keine große Sache. Die drei wollten mit diesen Mädchen nur ein bißchen Spaß haben. Manchmal waren sie betrunken und wußten nicht, was sie taten. Manchmal testeten sie ihre Macht über die Mädchen. Aber sie wollten ihnen keinen Schmerz zufügen …

Auf die Frage, was sie nach der mehrfachen Vergewaltigung empfand, antwortete die Zeugin FWS-50: »Ich kam mir vor wie tot.« Doch sie war nicht tot, und würde man Kunarac, Kovač und Vuković fragen, müßte sie ihnen sogar noch dankbar sein. Sie hatten die Macht, all diese Mädchen umzubringen. Oder ein anderer hätte es getan. Außerdem waren sie Gefangene. Indem er sie in seiner Wohnung einsperrte, habe er ihnen das Leben gerettet, verteidigte sich Kovač. So erscheint das aus ihrem Blickwinkel: Vergewaltigung war ein harmloses Spielchen, verglichen mit den Massenmorden, die damals an der Tagesordnung waren. Diese Mädchen hatten das Glück, überleben zu können.

Glück? Ich begegnete vergewaltigten Frauen. Sprach mit ihnen. Eine ist mir besonders in Erinnerung geblieben, eine Mutter von zwei Kindern aus Kozarac. Vor kurzem war sie aus dem Lager Omarska entlassen worden. Als ich sie begrüßte, konnte sie mir nicht in die Augen sehen. Diese Gewohnheit war ihr im Lager abhanden gekommen. Ihre hastigen Bewegungen verrieten Angst. Sie hielt den Kopf leicht vorgebeugt, als erwartete sie jeden Augenblick einen Schlag. Sie kannte einige ihrer Vergewaltiger mit Namen – sie kamen aus einem Nachbardorf –, aber davon wurde ihr nicht leichter. Sie beschrieb mir ihre Empfindungen:

Demütigung, absolute Hilflosigkeit, eine Art Abwesenheit des eigenen Körpers, den Wunsch zu verschwinden, sofort zu sterben. Die Vergewaltigung hat mich besudelt, sagte sie, sie fühlte sich wie von einer Schmutzschicht bedeckt, und das blieb so, obwohl sie sich wieder und wieder gründlich wusch. Sie ließ nicht einmal die eigenen Kinder an sich heran, aus Angst, auch sie zu beschmutzen. Ja, sie war am Leben, hielt sich jedoch nicht für glücklich.

Die Vorsitzende Richterin war Florence Mumba, eine schwarze Frau aus Zambia mit schönem, ruhigem Gesicht und traditionell geflochtenem Haar. Als die drei Vergewaltiger aus Foča hörten, daß sie für ihren Fall zuständig war, müssen sie das für eine Tragödie gehalten haben. Was kann ein Vergewaltiger erwarten, wenn er einer Richterin in die Hände fällt? Sie wird natürlich die Höchststrafe fordern, schon weil sie selbst eine Frau ist. Was wußte sie schon von diesem Krieg, sie war ja nicht einmal aus Europa. Sie mochte glauben, daß die drei nur die Gelegenheit genutzt hatten, um sich zu befriedigen, nicht, daß die Muslime ihre Feinde waren und es daher sozusagen legitim war, muslimische Frauen zu entehren. Das hatten alle gemacht. In ihrer Republika Srpska waren sie Helden. Wer hätte sie dort verhaftet? Wer hätte freiwillig gegen sie ausgesagt? Ihre Opfer waren als Zeuginnen nach Den Haag gekommen, das ja, doch daheim in Foča oder Sarajevo oder wo auch immer in Bosnien hätten sie das nicht gewagt, schon aus Angst, von jemandem erkannt zu werden.

Wäre nicht Den Haag, Konarac, Kovač und Vuković würden noch immer auf der Hauptstraße von Foča im Café sitzen, rauchen, Schnaps trinken und Anekdoten aus dem Krieg erzählen. Dort würde man ihnen mit dem Respekt begegnen, den sie als Veteranen verdienten. Und käme zufällig eine der von ihnen vergewaltigten Frauen vorüber, würden sie mit dem Finger auf sie zeigen und lachen …

Dann kam der 22. Februar 2001. Florence Mumba bat die Angeklagten, aufzustehen. Sie wollte die Urteile verkünden, doch vorher jedem einzeln erklären, warum er bestraft wurde. An den Gerichtshof gewandt, sagte sie: »Die drei Angeklagten sind nicht nur gewöhnliche Soldaten, deren moralische Maßstäbe in den Härten des Krieges verloren gingen. Sie haben keine kriminelle Vergangenheit. Aber es gefiel ihnen, diejenigen, die sie für ihre Feinde hielten, ins dunkel der Entmenschlichung zu stoßen, als niemand in den Worten von Eleanor Roosevelt fragte ›*Wo beginnen denn die Menschenrechte? In kleinen Orten, in der Nachbarschaft.*‹ Politische Führer und Kriegsgenerale sind machtlos, wenn gewöhnliche Menschen es ablehnen, im Krieg Verbrechen zu begehen. Gesetzlose Opportunisten können keine Gnade erwarten, egal wie niedrig ihre Position in der Befehlskette ist.«

Als erster war Dragoljub Kunarac an der Reihe. Er hörte aufmerksam zu. Richterin Mumba sprach nicht lange, aber sicher zu lange für jemanden, der auf sein Urteil wartete. Schließlich wandte sie sich an ihn selbst, zählte seine vielen Verbrechen auf und zog das Fazit: »Ihre Taten beweisen völlige Mißachtung gegenüber der Würde der Frau und ihrem Menschenrecht auf sexuelle Selbstbestimmung, und das in einem Maß, das, in Ermangelung eines besseren Ausdrucks, die durchschnittliche Normalität von Vergewaltigungen im

Krieg bei weitem übersteigt. Sie haben muslimische Frauen nur wegen ihrer Nationalität mißbraucht und vergewaltigt und dabei auf solche zurückgegriffen, die ihnen gerade gefielen ... Sie haben Frauen und Mädchen nicht nur selbst geschändet, sondern sie an andere Orte bringen lassen, wo sie, wie Sie wußten, von anderen Soldaten vergewaltigt und mißbraucht wurden. Dieses Verhalten verlangt nach einer der Schwere der Verbrechen angemessenen harten Strafe. Darum verurteilt das Hohe Gericht Sie, Dragoljub Kunarac, zu einer einmaligen Freiheitsstrafe von 28 Jahren, gültig ab heute. Die Untersuchungshaft wird angerechnet. Sie können sich setzen.«

Ein paar Sekunden, bevor das Urteil in seine Sprache übersetzt wurde, lag noch etwas Hoffnung auf Kunarac' Gesicht. Dann verstand er und beugte den Kopf wie unter einem Schlag. Wahrscheinlich hatte er eine weit mildere Strafe erwartet, denn er hatte sich selbst gestellt, mit der Anklage zusammengearbeitet und sogar gesagt, wegen einer Vergewaltigung tue es ihm leid. Jetzt wurde ihm plötzlich klar, daß er fast siebzig sein würde, wenn er das Gefängnis verließ. Er konnte es noch nicht glauben.

Als Radomir Kovač an die Reihe kam, war sein Gesichtsausdruck wie immer. Während die Richterin seine Verbrechen aufzählte, hörte er mit dem gewohnten idiotischen Lächeln zu, als habe er mit alldem nichts zu tun und befände sich zufällig im Gerichtssaal. Aber die Richterin ließ sich nicht beirren und erklärte ihm mit ihrer ruhigen Stimme: »Besonders abstoßend und verachtenswürdig ist Ihr Verhalten gegenüber der zwölfjährigen A.B., einem hilflosen Kind, für das Sie kein Mitleid empfanden, sondern es ebenso mißbrauchten wie die anderen Mädchen. Am Ende haben Sie sie verkauft wie einen Gegenstand, wobei Sie wußten, daß sie von anderen Männern vergewaltigt werden würde ... Die Art, wie Sie sie behandelt haben, zeugt von Ihrem unmoralischen und korrupten Charakter ... Sie haben die Macht genossen, die Sie über das Leben der Frauen hatten, indem Sie sie zwangen, vor Ihnen nackt auf einem Tisch zu tanzen.« Als er sein Strafmaß vernahm, 20 Jahre, zuckte Kovač mit keiner Wimper.

Der dritte Angeklagte, Zoran Vuković, mußte sich nach alldem bewußt sein, daß auch ihn keine milde Strafe erwartete. Obwohl auch er der Mißhandlung und Vergewaltigung beschuldigt wurde, bekam er für seine Verbrechen zwölf Jahre Gefängnis, weil man ihm nur einen Fall nachweisen konnte, der den Punkten der Anklage entsprach. »Das Hohe Gericht betrachtet es als schwerwiegend, daß Sie keinerlei Reue oder Gewissensbisse empfanden, als Sie der damals erst 15jährigen Zeugin FWS-50 nach der Vergewaltigung von Ihrer eigenen Tochter erzählten und andeuteten, Sie hätten sie auch viel härter anfassen können.« Als die Richterin geendet hatte, sah sie die drei Angeklagten noch einmal an, als wollte sie von ihren Gesichtern ablesen, ob sie richtig verstanden hatten.

Dennoch war für die drei dieser Prozeß offenbar ein Mißverständnis. Trotz der langen Vernehmungen mit vielen Zeugen und der exzellenten Rede der Richterin Mumba begriff keiner von ihnen ganz, weshalb er bestraft wurde. Was die Richterin eben gesagt hatte, bestand für sie aus den abstrakten, leeren Worten von jemandem, der die Situation nicht verstand. Die Mädchen lebten doch, nicht wahr? Wie hätten sie sonst nach Den Haag kommen und ihre Aussagen machen können? Selbst die kleine A. B. konnte noch irgendwo in Montenegro am Leben sein.

Sie hörten ihre Urteile, sichtlich betroffen von dem Unrecht, das ihnen geschah. 28, 20, zwölf Jahre wegen Vergewaltigung – während echte Mörder vor diesem Gericht weit glimpflicher davonkamen. Ist das Gerechtigkeit? Viele andere Männer in Bosnien hatten Frauen noch Schlimmeres angetan. Warum wurden nur sie drei so hart bestraft? Ich konnte mir vorstellen, daß sie während der Haftzeit nur bedauern würden, daß sie so dumm gewesen waren, sich festnehmen zu lassen.

5. Eine stille Nacht im Oktober

Der Prozeß gegen die sogenannte Gospić-Gruppe war ein Meilenstein des kroatischen Justizsystems. Und zwar deshalb, weil die fünf Männer (Tihomir Oreškovič, Mirko Norac, Stjepan Grandić, Ivica Rožić, Milan Čanić) nicht vom Internationalen Tribunal in Den Haag, sondern von einem Gericht im kroatischen Rijeka angeklagt wurden, im Winter 1991 Serben in Gospić ermordet zu haben. Der Prozeß dauerte von Juni 2001 bis März 2003. An die 150 Zeugen wurden gehört, und letztlich wurden drei Angeklagte schuldig gesprochen, 50 Menschen ermordet zu haben. Die zwei anderen kamen aus Mangel an Beweisen frei.

Es war schon spät am Abend, als ein Militärlastwagen bei Gospić stoppte, nahe dem Dorf Pazarište. Ein Militärpolizist hob die Plane an, und etwa zwölf Menschen, meist Frauen, sprangen auf den feuchten Erdboden. Dabei erblickten sie die Umrisse bewaffneter Männer, die sie erwarteten. Sie hörten den Lastwagen wegfahren, Autotüren knallen, gedämpfte Stimmen, Waffenklirren, und dann trat unnatürliche Stille ein. Jemand versuchte nervös, sich eine Zigarette anzuzünden, gab es jedoch fluchend auf.

Plötzlich wurde die Stille vom Schrei einer Frau zerrissen, ein Schuß knallte, und eine Männerstimme rief: »Schieß, was wartest du! Wer hat noch nicht geschossen?« Die Schatten begannen zu schießen, alle, die Soldaten aus Maschinengewehren, die Zivilisten aus Pistolen. Es war gefährlich, sich nicht zu beteiligen, denn einer aus der Gruppe ging von Mann zu Mann und kontrollierte, ob sie ihre Waffe abgefeuert hatten. Ein paar Minuten später waren die Menschen aus dem Lastwagen tot. Die Bewaffneten sprangen in die Autos und entfernten sich eilig. Die Leiber der Toten wurden für immer von der Herbstnacht verschluckt.

Das geschah am 16. Oktober 1991 nach einer Sitzung des Operativstabs in Gospić unter dem Vorsitz von Tihomir Orešković – demjenigen, der nach Zeugenaussagen bei der Exekution die Waffen kontrollierte. Die Stimme aus dem Dunkel, welche die Erschießung einer Serbin befahl, gehörte Mirko Norac, dem Militärkommandanten von Gospić. Beide sitzen jetzt zusammen mit vier anderen Männern aus der sogenannten »Gospić-Gruppe« in Rijeka im Gefängnis, angeklagt des Massenmordes an serbischen Zivilisten, der an jenem 16. Oktober erst seinen Anfang nahm. Für die nächsten Jahre war das Leben eines Serben in Gospić oder das eines Kroaten, der mit den Bossen Orešković und Norac nicht einverstanden war, weniger wert als das eines streunenden Hundes. Ein Polizeirapport besagt, daß während einer einzigen Nacht im Oktober 1991 hundertfünfzig Menschen in Massengräbern um Gospić verschwanden.

Es ist schwer vorstellbar, daß Mirko Norac Schießbefehle brüllt. Er sieht nicht aus wie ein Soldat, geschweige denn wie ein resoluter Kommandeur. Selbst die Generalsuniform läßt ihn nicht männlicher und für diesen Job tauglich erscheinen. Dieser dickliche und gewöhnliche junge Mann mit schüchternem Lächeln und Doppelkinn wirkt eher sanft als gefährlich. Die ihn kennen, nennen als seine wichtigste Eigenschaft Loyalität gegenüber dem Tudjman-Regime, was der Grund dafür sein könnte, daß er so schnell zum General aufstieg.

Norac sieht aus wie das, was er wirklich ist – ein Kellner. Viel leichter kann man sich ihn in einem Lokal in Sinj vorstellen, wo er Kaffee und Bier serviert und mit den Gästen das sonntägliche Fußballmatch kommentiert. Doch er war nicht lange Kellner, da er sich nicht um die Arbeit riß, jedenfalls nicht, solange sein Vater Geld von den Baustellen in Deutschland schickte. Er riß sich auch nicht um die Schule. Er schaffte kaum zwei Klassen der Berufsschule und später ein paar Kurse bei der militärischen Ausbildung. Er galt nie als besonders gescheit oder unternehmend.

In seinem Dorf Otok bei Sinj suchen junge Leute traditionell ihr Heil bei der Kirche. Aus dem Dorf sind fünfunddreißig Priester und hundertsieben Nonnen hervorgegangen.

Norac' Onkel und ein Neffe sind Geistliche, er selbst war Ministrant. Das ist nichts Mysteriöses, in Otok sind die Menschen nicht katholischer als anderswo in Kroatien – die Antwort liegt in der extremen Armut dieser Gegend. Es gibt nicht viele Möglichkeiten: als Mann kann man Priester, Polizist oder Soldat werden.

Auch Norac hätte Priester werden können, wurde jedoch Soldat. Das Schicksal half ihm – mit dreiundzwanzig Jahren, ohne Arbeit und ohne zu wissen, was er mit sich anfangen sollte, schloß sich Norac im

August der ersten Freiwilligengruppe an und landete bei einer Spezialeinheit nahe Zagreb.

Wenig später, im selben Herbst, ging er zusammen mit drei Freunden nach Gospić in der Absicht, die Verteidigung der Stadt zu organisieren. Bis heute ist nicht klar, ob sie vom damaligen Verteidigungsminister Gojko Šušak entsandt wurden oder aus eigener Initiative handelten – es war eine chaotische Zeit. Jeder neue Prozeß vor dem Tribunal in Den Haag verweist auf die Existenz paralleler Kommandogewalten, einer offiziellen und einer inoffiziellen unter Führung der HDZ.

Laut amtlicher Version organisierte Norac die Verteidigung unter eigenem Kommando, und die kroatische Armee sicherte die Frontlinie. Aber es gibt Zeugen, die das bestreiten: Norac habe vielmehr die Befehlsgewalt erst übernommen, nachdem die Bürger ihre Stadt bereits verteidigt hatten.

In Gospić, einer Stadt von sechstausend Einwohnern, lebten vor dem Krieg etwa dreißig Prozent Serben. Die meisten von ihnen waren freilich schon zu Beginn des Krieges weggegangen. Die Aufgabe von Mirko Norac und Tihomir Orešković, dem Chef der Zivilverwaltung, war nicht nur die Verteidigung der Stadt, sondern ihre »ethnische Säuberung«, um sich aller Serben zu entledigen. Kam der Befehl dazu von ganz oben, vom Verteidigungsminister Gojko Šušak oder gar vom Präsidenten Franjo Tudjman? Vielleicht war so ein Befehl überhaupt nicht vonnöten. Tudjmans politische Botschaften waren deutlich genug, und Norac sowie Orešković verstanden, daß die Verteidigung eine Sache war und das langfristige Kriegsziel eine ganz andere. Außerdem waren beide Mitglieder einer

Emigrantenpartei der Ustascha – der HDP (Kroatische Staatspartei).

Nach Gospić nahm Norac an den Aktionen »Medak-Tasche« und »Sturm« teil. Er wurde Kommandeur des Knin-Korps und der jüngste General der kroatischen Armee. Der Krieg war vorüber. Norac lebte friedlich und genoß alle Privilegien seines Status als Kriegsveteran und Held. Er hatte eine schöne Wohnung, ein gutes Auto und reichlich Geld. Von alldem hätte der einstige Kellner aus Otok nicht einmal träumen können.

Die Jahre vergingen, bis an einem Augusttag 2000 eine Bombe in einem Hof in Gospić hochging. Sie tötete Milan Levar, einen Mann, der behauptete, die Exekutionen in Gospić seien keine Zufallserscheinungen, sondern Teil von Tudjmans Strategie der »ethnischen Säuberung« gewesen.

Nach Levars Tod ließen sich die Verbrechen in Gospić nicht mehr vertuschen. Kaum einen Monat später ergingen Haftbefehle gegen fünf Verdächtige, und das Gericht in Rijeka leitete Ermittlungen ein. Zu den Verdächtigen gehörte Tihomir Orešković.

Aber es geschah etwas Unerwartetes. Mit dem Beginn der Ermittlungen kam es zu Protesten. Die Regierung wußte, daß die öffentliche Meinung gegen eine Auslieferung von mutmaßlichen Kriegsverbrechern an das Tribunal in Den Haag war, doch nun war sie auch gegen einen Prozeß in Kroatien selbst.

Die Proteste wurden von den Verbänden der Kriegsveteranen organisiert. Für die ehemaligen Soldaten waren die Auslieferungsersuchen des Tribunals und die Verhaftung der »Gospić-Gruppe« ein großes Unrecht. Nachdem man sie als Verteidiger Kroatiens gegen die serbische Aggression respektiert hatte, standen sie nun als Kriegsverbrecher unter Verdacht. Niemand hatte ihnen gesagt, daß sie etwas Böses taten, wenn sie zum Beispiel serbische Zivilisten umbrachten. Im Gegenteil, man hatte ihnen Orden und Wohnungen, Pensionen und andere Privilegien gegeben.

Nach zehn Jahren hatte sich die politische Linie in Zagreb geändert, und was früher stillschweigend gebilligt worden war, wurde nun in Frage gestellt. Andere Kriegsveteranen fürchteten, auch gegen sie könnte ermittelt werden. Die Regierung wußte sehr wohl, daß die Kriegshelden in vielen Fällen eigentlich Kriegsverbrecher waren. Doch wie das dem Volk klar machen, das man im Glauben gelassen hatte, solche Vorwürfe seien ungerecht und unmöglich?

Die Veteranen waren sehr laut; sie protestierten dagegen, daß Kriegshelden als Kriegsverbrecher beschuldigt wurden, und nannten das eine »Kriminalisierung des Vaterländischen Krieges«. Sie verlangten, die Regierung solle ein Referendum zur Frage der Auslieferungen abhalten. Mehr noch, sie riefen offen zum Putsch gegen die sozialdemokratisch dominierte Koalitionsregierung auf. Die Anführer der Straßendemonstrationen behaupteten, es sei demütigend, Kriegshelden vor Gericht zu stellen, das sei ein Prozeß gegen den Krieg und gegen das ganze kroatische Volk. Für sie war das Verrat an den nationalen Interessen. Sie forderten Amnestie für alle Beschuldigten.

Nach dem Krieg waren die Veteranenverbände zu einem mächtigen politischen Instrument unter Kontrolle von Tudjmans rechtsgerichteter Partei HDZ geworden. Wie mächtig, zeigte sich, als sie am 11. März 2001 in Split zur Demonstration aufriefen. Zehntausende Menschen – die Berichte variieren zwischen

25 000 und über 100 000 – kamen zusammen, um General Mirko Norac zu unterstützen. Ein paar Tage zuvor war ein Haftbefehl gegen ihn erlassen worden. Man erwartete, daß er sich zu Tihomir Orešković im Gefängnis in Rijeka gesellen würde. Aber statt sich der Polizei zu stellen, ging Norac auf die Flucht.

Warum aber dieser Aufruhr um Norac? Warum erregen sich die Menschen in Kroatien so sehr über die lokalen Prozesse gegen Kriegsveteranen und mehr noch über das Tribunal in Den Haag? Warum fällt es den Kroaten so schwer, mutmaßlichen Kriegsverbrechern den Prozeß zu machen oder sie auszuliefern? Bis 2002 wurde kein Kroate aus Kroatien ausgeliefert. Dario Kordić, Tihomil Blaškić, die Brüder Kupreškić, Mladen Naletilić und Vinko Martinović sind Kroaten aus Bosnien/Herzegowina. Später nahmen sie die kroatische Staatsbürgerschaft an, aber sie fallen wohl in eine andere Kategorie. Tudjman überstellte sie dem Tribunal, ohne daß die Veteranenverbände Widerstand leisteten.

Die neue Regierung ist nicht eifriger bei der Verfolgung von Kriegsverbrechen als die von Franjo Tudjman. Und sie hat auch keine Eile, Beschuldigte auszuliefern. Nach all den Jahren Tudjmanscher Propaganda ist es schwierig und politisch riskant geworden, die Wahrheit einzugestehen, daß kroatische Soldaten Kriegsverbrechen verüben konnten und verübt haben. Zehn Jahre lang hatte die Propagandamaschinerie behauptet, kroatische Vaterlandsverteidiger könnten keine Kriegsverbrechen begehen. Das war die offizielle Doktrin, die von allen akzeptiert wurde. Wenn es schon Ermittlungen gab, wurden die Beschuldigten mangels Beweisen oder wegen Fehlern bei der Prozedur freigelassen (wie im Fall des Mordes an der Familie Zec). Die neue Regierung lieferte Rahim Ademi aus, einen kroatischen Staatsbürger albanischer Nationalität, aber da auch er offenbar ein kroatischer Bürger zweiter Klasse war, gab es seitens der Veteranen keine Reaktion. Als aber später die Auslieferung des kroatischen Generals Ante Gotovina gefordert wurde, waren die Veteranen wieder zur Stelle. Gotovina versteckte sich und ist bis heute auf der Flucht.

Norac war der erste General der kroatischen Armee, der wegen Kriegsverbrechen angeklagt wurde, und außerdem gilt er als Held der Verteidigung von Gospić. Als er verschwand, verfiel das ganze Land in Hysterie. Das Volk war gespalten, die einen hielten seinen Schritt für richtig, weil es eine Schande ist, »unsere Jungs« nach Den Haag auszuliefern. Die anderen waren auch nicht sehr dafür, verhielten sich aber »legalistisch« in dem Bewußtsein, daß Kroatien seinen internationalen Verpflichtungen nachkommen mußte. Das dauerte etwa zwei Wochen, in denen das ganze Land faktisch Norac' Geisel war. Auch die Regierung wußte nicht, was sie tun sollte. Am Ende trat die absurde Situation ein, daß Premier Ivica Račan persönlich Norac überreden mußte, sich der Polizei zu stellen.

Dazu kam es erst, nachdem die Regierung fast gestürzt war. Die rechten Parteien, zumal die HDZ, hofften darauf, weil dann neue Wahlen fällig gewesen wären, die ihnen ermöglicht hätten, so glaubten sie, die Macht wieder an sich zu reißen. Doch es gelang dem Premier, seine Regierung zu retten. Aber die Tatsache, daß die Veteranenproteste solche Ausmaße annehmen konnten, machte ihm klar, mit wem er es zu tun hatte. Zumal sich den Veteranen nun auch Arme und Arbeitslose anschlossen, die unzufrieden waren, weil die Regierung ihre Versprechen nicht eingehalten hatte, so daß soziale Unruhen drohten.

In der Folge waren die Regierung und die Richter im Fall Norac ungeheurem politischem Druck ausgesetzt. Neben den Protestdemonstrationen drohten die Veteranen, Straßen zu blockieren und den Verkehr lahmzulegen, was die ganze Touristensaison zunichte gemacht hätte. Es gab auch Probleme mit einigen Polizei- und Armee-Einheiten, die offen Befehle verweigerten. Auch viele Parlamentsabgeordnete erhoben ihre Stimme gegen die Verfolgung mutmaßlicher Kriegsverbrechen. Drei rechte Parteien forderten sogar einen Parlamentsbeschluß, daß Norac nicht verhaftet werden dürfe. Das hätte gegen das Gesetz verstoßen. Inzwischen demonstrierten die Veteranen vor dem Gerichtsgebäude in Rijeka und schwenkten Transparente mit Drohungen gegen die Richter. Diese erhielten auch Morddrohungen, die nach dem Tod von Milan Levar sehr ernst genommen werden mußten.

Es war nicht nur der politische Druck, der auf dem Gericht in Rijeka lastete. Das größte Problem stellten die Zeugen dar, die man grob in Täter und Opfer unterteilen könnte beziehungsweise in jene, die sich an den Exekutionen beteiligt hatten, und jene, die im Gefängnis überlebt oder den Mord an ihren Nächsten mitangesehen hatten. Die Männer, die an dem abendlichen Meeting am 16. Oktober 1991 und den nachfolgenden Exekutionen teilgenommen hatten, versuchten vor Gericht ihre Rolle herunterzuspielen oder zu beweisen, daß andere sie zum Schießen gezwungen hatten. Sie hatten genaue Erinnerungen an Einzelheiten. Sie entsannen sich, wie spät es gewesen war, welches

Auto sie gefahren, wie sich die Menschen aus dem Lastwagen verhalten hatten. Aber als sie diejenigen nennen sollten, die das Meeting organisiert, die Exekutionen angeordnet und auf die Zivilisten geschossen hatten, ließ sie ihr Gedächtnis auf einmal im Stich.

Einige der sechs Angeklagten behaupteten, an keinem Meeting und keiner Exekution teilgenommen zu haben, obwohl sie von anderen dort gesehen worden waren. Es gibt auch solche, die ihre Aussage änderten. Der Angeklagte Siniša Glušac gab in seiner ersten Aussage zu, daß Mirko Norac ihm den Befehl zur Erschießung serbischer Zivilpersonen erteilt hatte. Zwei Tage später erklärte er, sich an nichts zu erinnern; bei der vorherigen Aussage sei er unter der Einwirkung von Medikamenten gestanden. Die Zeugin Fatima Skula, Oreškovićs Sekretärin, stand nicht unter Medikamenten, wurde aber schwer verprügelt, nachdem sie dem Wochenblatt Globus ein Interview gegeben und dort erzählt hatte, sie habe gesehen, daß serbische Zivilpersonen auch im Gebäude des Operativstabs getötet wurden. Bei einer nächsten Befragung dürfte es nicht wundernehmen, wenn auch sie an Amnesie litte. Der ganze Prozeß wurde noch schwieriger und absurder, als die Verteidiger behaupteten, wo keine Leichen auffindbar seien, könne kein Verbrechen vorliegen!

Der Druck auf die Zeugen der Anklage und die Angst vor Rache waren so stark, daß viele lieber schwiegen, obwohl sie damit eine Strafe wegen Meineids riskierten. Doch die war nichtig im Vergleich mit den Drohungen, die sie erhielten.

Es gab Zeugen, die sprachen, und das waren solche, die Ehepartner, Eltern, Brüder verloren hatten. Obwohl die Angeklagten sie gewarnt hatten, sie würden, wenn sie redeten, »enden wie ihre Familienmitglieder 1991«, zeigten sie keine Hemmungen, denn sie hatten schon zu viel verloren. Sie sagten nicht nur über die Todesschwadronen aus, maskierte Männer, die mitten in der Nacht Menschen abgeführt hatten, sondern auch über Soldaten, die Häuser geplündert und in Brand gesteckt hatten. Branka Krajnović zum Beispiel hatte beide Eltern verloren – sie waren abgeführt und nie wieder gesehen worden. Sie sprach nicht nur darüber, sondern auch über ihre Nachbarn und die Männer ihrer Freundinnen, die serbische Häuser in die Luft gejagt hatten. Diese Aussage war noch unangenehmer, da nur wenige Männer Zivilpersonen umgebracht, aber wesentlich mehr sich an der Zerstörung und Plünderung fremden Eigentums beteiligt hatten.

Natürlich gibt es einen großen Unterschied zwischen den Zeugenvernehmungen in Rijeka, mit den protestierenden Veteranen vor dem Gerichtsgebäude und den Freunden der Angeklagten im Zuschauerraum, und den Zeugenaussagen vor dem Tribunal in Den Haag. In Rijeka waren die Zeugen Mißhandlungen und Rachedrohungen ausgesetzt. Die Folge war kollektive Amnesie. Und die Tatsache, daß auch die Richter bedroht wurden und die Gesellschaft nicht bereit war, die Wahrheit zu hören, machte das Sprechen nicht leichter.

Wie stark der Widerstand gegen Den Haag weiterhin ist, beweist die Tatsache, daß Mirko Norac und zwei andere, vom Tribunal gesuchte Generale im April 2002 zu Ehrenbürgern von Split und General Ante Gotovina zum Ehrenbürger von Zadar ernannt wurden. Damals waren die Ermittlungen gegen die »Gospić-Gruppe« schon beendet, und der Prozeß hatte begonnen. Auf die Zeugen in Rijeka mußte das entmutigend wirken.

Nach Angaben des Tribunals müßte fünfzehn- bis zwanzigtausend Menschen der Prozeß wegen Kriegsverbrechen in Kroatien und Bosnien/Herzegowina gemacht werden. Den Haag beabsichtigt etwas mehr als zweihundert Verdächtige höchsten Ranges abzuurteilen. Die restlichen sollten vor lokale Gerichte gestellt werden. Der Prozeß gegen die »Gospić-Gruppe« sollte zeigen, daß wir selbst dazu imstande sind. Er ist das erste derartige Experiment in Kroatien und sollte demonstrieren, daß man im eigenen Land statt in Den Haag über Kriegsverbrechen urteilen kann und daß das kroatische Justizsystem wie auch die öffentliche Meinung dieser Aufgabe gewachsen sind.

Es wäre leicht, jenen zuzustimmen, die da sagen, die Auslieferung der eigenen Kriegsverbrecher an das Tribunal mache Kroatien zu einem zweitrangigen Land, einem rechtlosen Staat – so als wären wir keine Demokratie und unser Rechtssystem könne nicht mit ihnen fertigwerden. Das ist zwar demütigend, und es wäre besser, die Prozesse fänden zu Hause statt, damit die Öffentlichkeit endlich einige unangenehme Wahrheiten über den Krieg erführe und dieses Kapitel der Geschichte abgeschlossen werden könnte.

Aber das, was sich während der Prozesse in Rijeka und Split ereignete, zeugt vom Gegenteil. Als hätten wir absichtlich die Augen vor der Wahrheit verschlossen. Bis die Richterin Ika Sarić – trotz Forderungen der Veteranen nach einem »gerechten und mutigen Freispruch« – im März 2003 Tihomir Orešković zu fünfzehn und Mirko Norac zu zwölf Jahren Freiheitsentzug verurteilte. Durch diesen Richterspruch wurde endlich die nationale Doktrin in Frage gestellt, wonach die Kroaten im Verteidigungskrieg keine Verbrechen begehen konnten. Es gibt Hoffnung, daß die Kroaten ihrer blutigen Kriegsvergangenheit ins Auge sehen. Doch darf man nicht vergessen, daß vier Kriegsverbrecherprozesse – in Bjelovar, Karlovac, Šibenik und Split mit Freispruch endeten.

6. Er könnte keiner Fliege etwas zuleide tun

Goran Jelisić, ein bosnischer Serbe, geboren 1968 in Bijeljina, wurde zu vierzig Jahren Gefängnis verurteilt, weil er im Mai 1992 dreizehn Gefangene in einer Polizeistation in Brčko und dem Lager Luka bei Brčko getötet hat. Doch offenbar waren es mehr als hundert. Die meisten waren Muslime.

Goran Jelisić sieht vertrauenerweckend aus. Neben diesem Dreißigjährigen mit dem klaren, ruhigen Gesicht, den lebhaften Augen und dem breiten, ermutigenden Lächeln würden Sie sich in einem Nachtzug sicher fühlen. Ein Mensch mit so einem Gesicht hilft älteren Frauen über die Straße, macht in der Straßenbahn seinen Platz für einen Behinderten frei oder läßt Sie in einer Kassenschlange vorgehen. Ein Mensch mit so einem Gesicht würde eine auf der Straße gefundene Geldbörse ihrem Besitzer zurückgeben. Jelisić sieht aus wie ein guter Nachbar, ein idealer Schwiegersohn. Als Handelsreisender würde er mit diesem unschuldigen Gesicht viel Erfolg haben. Aber Jelisić ist nicht unschuldig.

Instinktiv glauben wir, daß hübsche Menschen gut sind, und halten häßliche oft für böse, obwohl wir wissen, daß das nicht viel mit der Wirklichkeit zu tun hat.

Ich war total überrascht, als ich dieses naive Jungengesicht eines Mörders zum ersten Mal sah.

Es bestürzte mich, daß Goran Jelisić wie meine Tochter 1968 geboren ist. Sie gehören zur selben Generation. Sie hätten zusammen in die Schule gehen, Freunde sein können. Ich kann mir sogar vorstellen, daß er an einem Winternachmittag bei einer Tasse Tee in meiner Küche sitzt und sich über ein Lehrbuch beugt, während meine Tochter ihm die Hausaufgaben in Geschichte erklärt (er war wirklich kein guter Schüler, verließ das Gymnasium schon nach der ersten Klasse). Ich kann mir vorstellen, daß sie zusammen ins Kino oder in die Disco gehen. Ich hätte nichts dagegen gehabt, weil er so nett war. Durch meine Küche sind viele Jungen wie er gegangen, verunsichert und an der Schule desinteressiert, aber angenehm und wohlerzogen. Da Jelisić in Bijeljina lebte, ist er vermutlich nicht viel gereist, hat kaum die neueste Musik gehört oder Fremdsprachen gesprochen. Dennoch, er gehörte derselben Generation an wie meine Tochter und deren Freunde.

Diese Generation wuchs gesund und sorglos auf. Es gab weder Milchpulver noch Babynahrung, also mußten wir Mütter Süppchen kochen, Spinat und Karotten passieren und Obstsäfte selbst zubereiten. Es gab auch keine Pampers, daher gewöhnten sie sich schnell ans Töpfchen, nasse Stoffwindeln sind sehr unangenehm. Damals spielten die Kinder draußen, auf dem Hof, in Parks, auf dem Gehweg vor dem Haus. Es gab keine Gefahren, oder vielleicht nahmen wir Mütter sie nicht wahr.

Später glaubten sie, sich in nichts von ihren Altersgenossen im Westen zu unterscheiden, denn sie hörten

U2 und Madonna, sahen amerikanische Filme und TV-Serien, lasen J. R. R. Tolkien und trugen Jeans, als sei das in Jugoslawien ganz normal. Für meine Generation waren Jeans noch ein Produkt der »westlichen bourgeoisen Gesellschaft« und ein Zeichen von Dekadenz; mein Vater hätte mir nie erlaubt, welche zu tragen. Aber Tito und der Sozialismus bedeuteten der Generation meiner Tochter nicht allzuviel. Als Tito 1980 starb, waren sie Kinder und hatten kaum Erinnerungen an ihn. Wir Älteren hingegen waren geprägt vom Personenkult, von den Feiern zu seinem Geburtstag am 25. Mai, dem »Tag der Jugend«, von dem, was wir glaubten, daß er für Jugoslawien bedeutete. Wir wuchsen als Titos Pioniere auf. Meine Generation hatte noch immer eine starke kollektive Identität.

Irgendwie sind diese Kinder aus den späten Sechzigern die erste normale Generation. Ihre Großeltern hatten im Zweiten Weltkrieg gekämpft. Ihre Eltern waren in Armut großgeworden. Sie aber wuchsen in Sicherheit und Wohlstand auf. Ich mußte immer meinen Teller leer essen, meine Tochter nicht. Für sie war der Krieg etwas, worüber sie aus dem Geschichtsunterricht und aus Filmen erfuhren. All das lag mehr als zwanzig Jahre vor ihrer Geburt zurück und war ziemlich unwirklich. Meiner Generation war der Krieg viel näher. Unsere Eltern, auch wenn sie nicht darüber sprachen, wurden ihre Kriegstraumata nie los. Ich haßte die Deutschen für das, was sie meinem Vater angetan hatten, während die Generation meiner Tochter ihnen gegenüber gleichgültig war.

Diese Generation ist apolitisch. Sie haben gelernt, daß Politik etwas für Erwachsene ist. Die älteren Generationen bevormundeten sie und ließen sie nicht an die Politik heran – ebenso war es auch uns ergangen. Außerdem schien der Sozialismus ewig zu sein – wozu also die Mühe? Diese Generation ist auch nicht rebellisch. Denn wir, ihre Eltern, waren gläubig. Wir glaubten, was uns die Älteren erzählten: daß ein »Sozialismus mit menschlichem Gesicht« möglich ist, und darum dachten wir nicht an eine demokratische Alternative. Als der Sozialismus kollabierte, standen wir ohne demokratische Leader da. Das Vakuum füllten alsbald die Nationalisten aus. Oder regierende Kommunisten wie Slobodan Milošević, die sich zu Nationalisten wandelten, um an der Macht zu bleiben.

Unsere Kinder glaubten, daß wir, ihre Eltern, das politische Chaos beseitigen würden. Aber wir taten es nicht. Als der Krieg ausbrach, begriffen sie nicht, daß man von ihnen, die Ende der sechziger, Anfang der siebziger Jahre geboren waren, erwartete, in den Kampf zu ziehen. Wer sonst? Es war paradox, die Enkel fochten den Krieg ihrer Großeltern aus. Der Preis war hoch: Ein Teil ihrer Generation wurde getötet, verwundet oder zum Krüppel geschossen, und viele verließen das Land.

Goran Jelisić war ein passionierter Angler.

Er tanzte gern mit Mädchen und trank gern Bier mit Freunden, aber Angeln war ihm am liebsten. Tag für Tag verbrachte er viel Zeit am Flußufer. Er hatte ein paar bevorzugte Plätze, von denen nur er wußte, und die suchte er auf, wenn er allein angeln wollte. Nicht daß er Gesellschaft nicht mochte, im Gegenteil, er genoß es, mit anderen zu wetteifern, und war Mitglied eines Anglervereins. Aber manchmal war er lieber allein. Seine Freunde aus dem Verein redeten nur über

Politik und tranken Bier, ohne auf ihre Ruten zu achten. Für Goran war das Angeln eine Flucht aus dem Alltag; dabei konnte man den Rest der Welt, ja sich selbst vergessen und sich auf den Wasserspiegel und die dünne Nylonschnur konzentrieren. Das war fast, als existierte man nicht, als wäre man ein Baum oder ein Grashalm. Goran genoß das Gefühl, daß nichts wichtig war, nicht einmal er selbst, denn das interessierte weder den Fluß noch die Fische.

Es gab nicht viel zu vergessen, wenigstens nicht vor dem Krieg. Er wußte, daß sein Leben gewöhnlich und einfach war, und daß er in nichts besonders gut war, außer vielleicht im Angeln.

Goran war ein geschickter Angler, und er war nicht geizig. Oft verschenkte er seinen Fang an Freunde oder Nachbarn wie dem Mann, in dessen Haus er später wohnte, als er aus dem Lager Luka zurückgekehrt war. Er angelte um des Vergnügens willen, aber nicht nur für sich. Er kannte fischreichere und fischärmere Stellen, also war die Platzwahl sehr wichtig, alles andere war natürlich Glückssache.

Am Fluß war es immer so friedlich. Diese Einsamkeit in der Natur hat etwas für sich, man kommt sich vor, als wäre man der einzige Mensch auf der Welt. Niemand gibt einem Befehle, man ist sein eigener Herr. Einmal schlief er im Gras ein. Als er die Augen aufschlug, wußte er nicht, wo er sich befand. Er spürte seinen Körper nicht, und alles, was er sah, war der hohe blaue Himmel. Er erschrak. Für einen Sekundenbruchteil war ihm, als wäre er tot. Vielleicht fühlt man sich so, wenn man tot ist, völlig abwesend, dachte er. Er kam zu sich, glücklich, weil er am Leben war und angelte. Er erinnerte sich, daß ihn einmal jemand –

natürlich eine Frau – gefragt hatte, ob er kein Mitleid mit den Fischen habe. Mitleid? Was für ein absurder Gedanke; ihm wäre nie die Idee gekommen, etwas für die Fische zu empfinden. Das ist ein Naturgesetz, Fische sind niedere Wesen. Sonst würden sie ja uns fangen, erklärte er ihr.

Man muß sehr geduldig sein, um den ganzen Tag am Wasser zu sitzen und dabei nicht die Nerven zu verlieren. Angeln ist kein Sport für nervöse, aggressive Menschen. In seiner Liebe zum Angeln erinnert mich Jelisić an meinen Schwiegersohn. Auch er geht lieber fischen als auf den Fußballplatz oder ins Kino. Ich weiß, wie sorgfältig er sich vorbereitet, Rute, Schnur, Haken, Köder, Eimer, Netz auswählt. Dabei ist er sehr aufgeregt. Später sitzt er am Meer und spricht stundenlang kein Wort, total konzentriert, unempfänglich für den Rest der Welt. Er sieht aus wie ein buddhistischer Mönch in meditativer Trance. Beim Angeln ist er entspannt und glücklich.

Aber das ist kein so unschuldiger Sport, wie es scheinen mag. Wie alle Angler muß Jelisić die Augenblicke geliebt haben, wenn er spürte, daß etwas angebissen hatte. Der Fisch erschien hilflos zappelnd über dem Wasser. Ich kann mir vorstellen, wie er den Fisch vom Haken nahm, ins Gras warf und zusah, wie er sich quälte. Aber vielleicht war es gar nicht so. Es gibt verschiedene Methoden, einen Fisch zu töten. Ist er groß, schieben ihm die Angler gewöhnlich den Daumen ins Maul und brechen ihm das Rückgrat. Oder sie werfen ihn in einen Eimer mit Wasser und zögern so das Ende hinaus. Vielleicht hatte Goran soviel Erbarmen.

Wäre er gefragt worden, was er im Leben weiter tun wolle, hätte er mit der Antwort nicht lange gezögert.

Doch niemand fragte ihn, und er wußte, daß das Leben nicht aus Fischefangen besteht. Ihm kamen die Menschen vor wie kleine und große Fische, die einander jagen und auffressen. Er wollte nicht gefressen werden.

Als er Luka verlassen hatte, kam er öfter an den Fluß, lag nur da und wünschte sich, daß wieder Frühling und in der Zwischenzeit nichts geschehen wäre.

Ein Zeuge der Verteidigung war der Chef des lokalen Anglervereins. Dieser Mann konnte nicht akzeptieren, was Jelisić in Brčko getan hatte. Es paßte nicht zu seinem Image als Angler. Der Jelisić, den er kannte, saß am Ufer der Save, starrte angespannt aufs Wasser oder sonnte sich, während er darauf wartete, daß etwas anbiß. Das hatte nichts zu tun mit seiner Brutalität, die vor dem Tribunal zur Sprache kam. Im Gegenteil, er bezeugte, daß Jelisić ein netter und braver Junge war, jemand, der keiner Fliege etwas zuleide tun konnte, geschweige denn einem Menschen. Er sprach so freundlich über Goran, daß einer der Richter wütend wurde und ihm vorwarf, er stelle Freundschaft und Angelausflüge über seine moralischen Prinzipien. Der Mann ließ sich nicht beirren: »Ich beurteile alle Angler nach professionellen Kriterien«, sagte er.

Goran Jelisić wuchs in Bijeljina in einer Arbeiterfamilie auf. Da seine Mutter berufstätig war, wurde er von der Großmutter erzogen. Zu Hause hörte er nie ein häßliches Wort über die Muslime, die vierzig Prozent der städtischen Einwohnerschaft stellten. Im Gegenteil, die Familie hatte viele muslimische Freunde. In Gorans Straße lebten Serben und Muslime zusammen, er machte da ebensowenig einen Unterschied wie sie. Alle spielten miteinander, gingen zusammen zur

Schule, ins Café, zum Fußball. Er hatte viele muslimische Freunde, deren Nationalität ihn aber nicht interessierte. Nie hat jemand gehört, daß er sich abfällig über irgendwen geäußert hätte. Laut Aussage seiner Nachbarn war er wohlerzogen. Den serbischen Nationalismus der späten achtziger Jahre nahm er ebensowenig ernst wie die Idee, alle Serben sollten in einem Staat leben. Die Politik war etwas für die Politiker und hatte nichts mit seinem Leben, seinen Freunden und dem Angeln zu tun. Er irrte sich.

Nach der Schule wurde er auf einem Landgut als Mechaniker angestellt. Kein guter Job, aber wenigstens ein Job zu einer Zeit, als die meisten seiner Freunde arbeitslos waren. Er war unzufrieden, weil er so wenig verdiente. Mit viel Geld hätte er etwas aus seinem Leben machen können, unabhängig sein, ein Privatgeschäft eröffnen, vielleicht sogar Bijeljina verlassen, obwohl ihm die Stadt gefehlt hätte. Er versuchte Geld zu machen, indem er Schecks fälschte. Er wurde überführt und zu eineinhalb Jahren Gefängnis verurteilt.

Ich erlebte Jelisić als Leumundszeugen für Esad Landžo im sogenannten »Fall Čelebići«. Er erklärte des langen und breiten, was für ein guter Mensch Esad Landžo sei, der anderen Insassen in Scheveningen helfe, ihnen den Umgang mit dem Computer beibringe, für sie koche und ihnen rate, wie sie sich im Gefängnis verhalten sollten. Tatsächlich war Landžo (ein Muslim) ein Kriegsverbrecher, dessen Spezialität es war, serbische Gefangene bei lebendigem Leib zu verbrennen. Jelisićs Stimme war angenehm, und für einen Neuling im Tribunal wies nichts darauf hin, daß auch er zu den Angeklagten gehören könnte.

Obwohl er sich nun vor Gericht befand, konnte ich

Goran nur als Angehörigen der Generation meiner Tochter sehen. Nichts in seinem Leben hatte ihn auf den Krieg vorbereitet. In Bosnien saß er ein paar Monate für den Scheckbetrug ab. Im Februar 1992 kam er heraus. Seine Entlassung gehörte zur Strategie der Regierung der Republika Srpska, um Freiwillige für den Krieg zu rekrutieren, deshalb wurden die Gefängnisse geleert. Jelisić meldete sich zur Polizei und wurde im Mai zu einer Polizeistation in Brčko versetzt. Das war der Anfang vom Ende. Ich bin sicher, daß er sich nicht zur Polizei meldete, weil er töten wollte. Es war wohl nicht zu vermeiden. Vielleicht wußte Jelisić nicht, was das eigentlich bedeutete. Aber als er einmal in der Polizeistation war, sahen die Dinge anders aus.

Hätte jemand bezeugt, daß Jelisić sich freute, wenn die Fische sich quälten, wäre das ein Anzeichen für seinen schlechten Charakter gewesen, lange bevor er anfing, Gefangene in der Polizeistation und im Lager Luka zu schlagen und umzubringen. Aber seine Anglerfreunde sagten nichts dergleichen. Tatsächlich gibt es in seinem Leben und Verhalten vor dem Krieg nichts Pathologisches. Im Gegenteil, das Bild, das die Zeugen der Verteidigung zeichnen, ist so anders, daß man sich fragt, ob sie dieselbe Person beschreiben.

Laut diesen Zeugenaussagen war Jelisić ein guter und treuer Freund, der Risiken auf sich nahm, um anderen zu helfen. Das Tribunal geriet in eine unangenehme Situation: Wie der Anwalt der Verteidigung betonte, hatte es zuvor keinen Fall gegeben, in dem so viele muslimische Zeugen zugunsten eines serbischen Angeklagten ausgesagt hatten.

Die Menschen, die zu seiner Verteidigung antraten, Nachbarn, Freunde und Schulkameraden – viele von ihnen Muslime wie auch der Chef des Anglervereins –, sagten, sie könnten nicht glauben, daß er diese Morde begangen haben könnte, obwohl sie wußten, daß er bereits gestanden hatte.

Er war still und schüchtern, sagte ein Zeuge, immer hilfsbereit. Während des Krieges half er mindestens sieben oder acht muslimischen Familien. Ein anderer Zeuge erinnert sich, daß Jelisić eine alte muslimische Frau unterstützte, als ihre Fenster nach einer Bombenexplosion in ihrem Hof zersprungen waren. Jelisić bezahlte die Reparatur. Ein langjähriger guter Freund, auch ein Muslim, erzählte den Richtern, was Jelisić während des Krieges und danach für ihn und seine Familie getan hatte. Er gab der Ehefrau nicht nur Geld, solange sein Freund in Haft war, sondern half ihnen später auch, die Grenze nach Serbien zu passieren, damit sie außer Landes fliehen konnten. Jelisić ermöglichte auch seiner Schwester und deren Ehemann die Flucht. Als Arkans Paramilitärs einen anderen seiner muslimischen Freunde in Bijeljina zu ermorden drohten, rettete er ihn und seine Frau, und seine Mutter verbrachte ein paar Tage in Jelisićs Elternhaus. Dem Sohn eines Freundes rettete er buchstäblich das Leben, als dieser dringend an der Milz operiert werden mußte. Jelisić fuhr ihn ins Krankenhaus und bezahlte die gesamten Behandlungskosten. Mehrere Personen beschreiben ihn als »netten und braven Jungen«, und eine Schulkameradin sagt, daß er sich »immer überall anständig verhalten« habe.

Wie kam es dann, daß dieser nette Angler schließlich muslimische Gefangene umbrachte?

Ich habe zwei Fotos vor mir, die in der ganzen Welt veröffentlicht wurden. Sie zeigen einen Uniformierten, der einen Gefangenen tötet. Sie erinnern an ein brutales Bild aus dem Vietnamkrieg, wo der Polizeichef in Saigon einen Vietcong aus kurzer Distanz in den Kopf schoß. Nur daß das aktuelle Foto etwa dreißig Jahre später, am 7. Mai 1992 in Bosnien aufgenommen wurde. Der Exekutor, in Polizeiuniform, steht mit dem Rücken zum Betrachter. Seine Pistole zielt auf den Kopf des Gefangenen einen Meter vor ihm. Der Gefangene hält den Kopf gesenkt, darauf gefaßt, jeden Moment die Kugel zu bekommen. Das zweite Foto zeigt den Gefangenen nach einem Genickschuß. Vor dem Tribunal gestand Jelisić, ihn erschossen zu haben.

Doch was geschah in Jelisić Kopf, ehe er das Geschoß abfeuerte, das nicht nur die Zukunft des Gefangenen, sondern auch seine eigene besiegelte? Nach diesem Schuß gab es für Jelisić keine Rückkehr. An diesem Tag im Mai 1992 hatte er einen Weg eingeschlagen, der ihn sechs Jahre später vor das Tribunal in Den Haag führen sollte. Was muß in einem Menschen vorgehen, damit er so kaltblütig ein anderes menschliches Wesen töten kann? Jelisić mordete wahllos, je nach Laune, und er hat das wohl genossen. Laut Anklage war er ein »williger Vollstrecker«. Ohne solche Enthusiasten wäre die ethnische Säuberung nicht möglich gewesen. Aber weder Anklage noch Verteidigung konnten erklären, wie Jelisić zum Mörder geworden war.

Als der Gefangene auf dem Foto ermordet wurde, war Jelisić dreiundzwanzig. Kann ein Gesicht so sehr lügen, fragte ich mich beim Anblick dieses jungen Mannes im Gerichtssaal. Nichts an ihm, weder Kleidung noch Verhalten, noch Ausdrucksweise verriet seine wahre Natur. Oder vielleicht ... gut, er hatte die Gewohnheit, mit einem Bein nervös unter dem Pult zu schaukeln, während er mit absolut ruhiger Miene dasaß. War das ein Zeichen für seine pathologische Natur? Aber was war seine wahre Natur? Solange er in Scheveningen einsaß, wurden zwei Psychiater befragt. Ihr Bericht besagte, daß er eine asoziale Persönlichkeit ist, narzistisch, unreif und gierig nach Anerkennung. Nach ihrer Meinung grenzt seine Persönlichkeit an Perversion. Die Experten, Dr. Van den Bussche und Dr. Duits benutzten Worte wie »abstoßend«, »bestialisch« und »sadistisch«, um sein Verhalten gegenüber den Gefangenen zu charakterisieren. Bei der Urteilsverkündung sagten die Richter, daß er tatsächlich eine gestörte Persönlichkeit sei.

Die überlebenden Gefangenen, die als Zeugen nach Den Haag kamen, benützten weder so starke Worte wie die Psychiater noch boten sie Rückschlüsse auf Goran Jelisić Charakter an. Es schockierte mich, daß einige seine Augen beschrieben. »Er hatte sehr hohe Wangenknochen, und seine Augen hatten einen seltsamen Ausdruck, wie trübes Wasser«, sagte ein Zeuge. »Er muß Drogen oder so etwas genommen haben. Wer ihm einmal in die Augen sah, tat es nicht wieder. Sein Blick machte angst, besonders nachdem er sich vorgestellt hatte. Ich weiß nicht, wie ich das nennen soll. Ich meine unsere Angst, die ohnehin schon groß war. Ich glaube, sie verdreifachte sich durch seinen Blick.« Der Zeuge F. beschreibt seinen Blick als schrecklich und grausam. Seine Augen lächelten nicht, nur sein Mund. »Solche Dinge habe ich in Filmen gesehen«, sagte F.

Mit den Worten »Hitler war der erste Adolf, ich bin der zweite« pflegte sich Jelisić den Gefangenen vorzustellen. Im Lager Luka zitterten sie, wenn sie seine Stimme hörten, denn sie bedeutete den Tod. Er wählte aufs Geratewohl die Opfer aus: »Du, du und du.« Namen wurden nicht genannt, Beschuldigungen oder Strafen nicht ausgesprochen, nichts. Im voraus nahm er den Gefangenen Geld, Uhren und Schmuck ab. Oft schlug er sie, und das in Anwesenheit seiner Freundin Monika, die manchmal das Lager besuchte, weil ihr Bruder der Verwalter war. Dann mußten die Gefangenen hintereinander antreten. Jelisić verlangte von jedem, sich hinzuknien und den Kopf auf ein Abflußgitter zu legen. Dann versetzte er ihm zwei Genickschüsse mit seiner schallgedämpften Pistole. Vor der Exekution bat der Mann um Gnade: »Tu das nicht. Warum ich? Ich habe nichts getan.« Doch das half nicht. Vor dem Mord beschimpfte Jelisić seine muslimische Mutter. Je größere Angst das Opfer hatte, desto mehr Freude hatte Jelisić am Töten. Danach trugen zwei Gefangene den Leichnam zu einem Kühlwagen, der sie zum Massengrab brachte. Jelisić befahl, die Blutspuren zu beseitigen. Er haßte Unsauberkeit.

Wenn er gute Laune hatte, erklärte Jelisić, wie schön das Töten sei. »Es ist schön, Menschen so umzubringen. Ich mache es freundlich. Sie merken nichts.« Gefangene aus Luka, von denen einige vor dem Tribunal aussagten, erinnern sich, wie er einen großen, starken kroatischen Häftling umbrachte. Zuerst schnitt er ihm ein Ohr ab. Dann brachte er ihn zurück in den Hangar, damit ihn die anderen sahen. Sein Ohr in der Hand, bat der Mann die Gefangenen, ihn zu töten und Jelisić nicht das Vergnügen zu überlassen. Jelisić zog die Pistole und bot sie den Gefangenen an. Doch niemand meldete sich. Jelisić verhöhnte sie, sagte, sie seien das Leben nicht wert. Am Ende tötete er den hochgewachsenen Kroaten wie alle anderen.

Auf wen sein Finger zeigte, der durfte leben oder mußte sterben. Er exekutierte Alte wie Junge. Er tötete eine achtzehnjährige Muslimin. Er brachte einen alten Mann um, weil er eine Wasserflasche hatte fallen lassen, und einen jungen Mann, weil er mit einer Serbin verheiratet war. Er zählte die Opfer: achtundsechzig, neunundsiebzig, dreiundachtzig. Angeblich tötete er eigenhändig mehr als hundert Gefangene während achtzehn Tagen im Mai 1992. Er prahlte mit zwanzig bis dreißig Toten vor seinem ersten Morgenkaffee. Nachgewiesen wurden ihm dreizehn Morde.

Jelisić ist ein netter Nachbar und Freund und ein guter Angler. Aber er war auch ein Mörder, wie er selbst zugab. Tatsächlich war er einer von drei für Kriegsverbrechen Angeklagten (von mehr als sechzig Personen), der vor Gericht in einunddreißig Punkten seine Schuld zugab und dennoch keine Reue zeigte. Obwohl die meisten seiner Opfer Muslime waren, fanden die Richter nicht genug Beweise dafür, daß er auf ihre systematische, absichtliche Eliminierung aus war. Sie bestätigten, daß Jelisić aufgrund seines perversen Charakters jede Volksgruppe ausgelöscht hätte, nicht nur die Muslime. Deshalb wurde die Anklage wegen Genozids fallengelassen und Jelisić zu vierzig Jahren Freiheitsentzug wegen Verstoß gegen das Kriegsrecht und Verbrechen gegen die Menschlichkeit verurteilt.

Die Verteidigung war im Recht, als sie betonte, Jelisić sei nur während jener achtzehn Tage im Mai Exekutor gewesen, weder vorher noch nachher. Wie war es möglich, daß dieser Mann in nur achtzehn Tagen zum Monstrum wurde? Ihre einzig rationale Erklärung: er habe unter Druck gehandelt, auf Befehl gehandelt. Er befolgte Befehle und hatte Angst um das eigene Leben, argumentierte der Verteidiger.

Vielleicht war es wirklich so. Es würde zu seiner Angelleidenschaft und zu seiner ruhigen, gutmütigen Natur passen. Aber da es nicht genügend Beweise dafür gab, daß Jelisić nur Befehle ausführte, ging das Tribunal davon aus, daß er die Gefangenen aus freiem Willen exekutierte.

Doch es gab mehr als genug Beweise für etwas anders. Mehrere Gefangene erklärten, daß Jelisić offenbar das Töten genoß: Er jonglierte mit Zahlen, erläuterte, wie er vorging und daß er es mit Vergnügen tat. Diese Zeugen berichteten auch, daß, je mehr jemand um sein Leben bat, Jelisić ihn desto freudiger tötete. Offensichtlich mochte er nicht den Akt des Mordens. Das ist ein schmutziges Geschäft, und Jelisić haßte Schmutz, er war von Sauberkeit besessen. Nach jeder Exekution mußte sofort das Gitter gereinigt werden.

Was geschah also in jenen entscheidenden achtzehn Tagen? Darüber könnte niemand mit Sicherheit urteilen, nicht einmal Jelisić selbst.

Was sich geändert hatte, war vielleicht nicht die Person, vielmehr die Umstände. Es war nicht mehr Frieden, sondern Krieg. Er konnte nicht mehr im Gras liegen, während der Fluß leise rauschte und die ganze Welt still stand. Der Krieg warf all das um. Mein Schwiegersohn mußte auch das Angeln aufgeben, als er nach Kanada ging, etwa zur selben Zeit, als Jelisić sich nach Brčko begab. Der Krieg hatte beider Leben verändert, aber auf unterschiedliche Weise. Welche Rolle spielte dabei die persönliche Entscheidung und welche der Zufall? Warum ging der eine nach Kanada und der andere nach Brčko? Hätte es umgekehrt sein können? Wäre mein Schwiegersohn freiwillig zur kroatischen Polizei gegangen? Ich glaube nicht. Doch warum konnte Jelisić? Ich weiß keine Antwort. Es gibt viele Menschen, die ganz normal erscheinen, aber bei denen unter bestimmten Bedingungen wie denen eines Krieges die pathologische Seite ihres Charakters hervortritt und ihr Verhalten beherrscht. Könnte es sein, daß Jelisić so ein Fall war?

Zum ersten Mal in seinem kurzen Leben war dieser kleine Mann aus Bijeljina, der eben aus der Haft entlassene Dorfmechaniker, an die Macht gelangt. Ein Niemand, der plötzlich die absolute Gewalt ausübte. Er bekam eine Pistole und die Freiheit, sich ihrer zu bedienen, und er vergiftete sich an seinen neuen Möglichkeiten. Es heißt, daß er aussah und sich benahm, als stünde er unter Drogen. Seine Augen blickten seltsam, er war erregt, nervös. Und er stand tatsächlich unter Drogen, denn die unumschränkte Macht über Leben und Tod ist ja die stärkste Droge. Er war gottgleich. Machte sich wichtig, weil er Gefangene umbrachte, dieser gutaussehende Junge Goran aus der Generation meiner Tochter.

Aber obwohl er ein Mörder war, war er selbst in gewissem Sinne auch Opfer. zusammen mit seiner ganzen Generation ist Goran Jelisić betrogen worden. Viele aus der Generation seiner Eltern – meiner Generation – ergaben sich dem Nationalismus und taten nichts, um den Krieg zu verhindern. Sie waren Opportunisten und ängstlich genug, um den Führern zu folgen, wie sie es gewohnt waren. Und viele ihrer Kinder bezahlten für die Dummheit der Eltern, manchmal mit dem eigenen Leben.

7. Der Triumph des Bösen

Radislav Krstić, Armeegeneral der Republika Srpska und Kommandeur des Drina-Korps, wurde als erster vom Tribunal in Den Haag wegen Völkermords verurteilt. Er bekam 46 Jahre Gefängnis. In der UN-Schutzzone Srebrenica wurden zwischen dem 13. und dem 19. Juli 1995 mehr als siebentausend Muslime ermordet und 30 000 Menschen gewaltsam vertrieben.

General Radislav Krstić wirkt besorgt, als er leicht hinkend den Gerichtssaal betritt. Auch er hat seinen Preis für den Krieg bezahlt, als er im Dezember 1994 auf eine Mine trat und ein Bein verlor. Er ist ein schlanker Mann von etwa fünfzig, in einem dunklen Sakko, das graumelierte schüttere Haar über die Glatze gekämmt – ein Zeichen für seine Eitelkeit.

Er sitzt gebeugt an seinem Tisch und wirft, die Stirn gerunzelt, nervöse Blicke auf die Richter. Er fühlt sich offenbar unbehaglich unter all den schwarzen und roten Roben, wie in einem Theater. Aber im Unterschied zum Theater geht es hier um todernste Dinge. Dieser Prozeß dauert schon länger als ein Jahr, und Krstićs Gesicht ist nach wie vor nervös. Von Anfang an kam er mir vor wie in einer Falle, ein Schwacher, ein ängstlicher Mann.

Mir fiel eine Szene aus einem Dokumentarfilm über

den Einmarsch der Armee der Republika Srpska in Srebrenica in den Nachmittagsstunden des 11. Juli 1995 ein. In diesem Fragment sah man den Oberkommandierenden, General Ratko Mladić, der seinen Soldaten befahl, die Enklave einzunehmen. Seinen Untergebenen Krstić redete er nicht mit Rang oder vollem Namen an, sondern mit seinem kurzen Spitznamen Krle, als wären sie auf einer privaten Party. »Komm her, Krle!« schreit Mladić. Es klingt, als rufe er nach einem Kellner oder einem Hund. Krstić gehorcht mit gesenktem Blick, aber ohne Enthusiasmus. Diese kurze Sequenz aus dem Dokumentarfilm war für mich wie ein Symbol für ihre Beziehungen, eines dominierenden Herrn und eines devoten Dieners. Eine Beziehung, für die Krstić später mit 46 Jahren Gefängnis bezahlen würde.

In seiner Einführung sagte der Ankläger Mark Harmon: »Hier handelt es sich um einen Triumph des Bösen, eine Geschichte darüber, wie Offiziere und Soldaten der bosnisch-serbischen Armee, die sich für Berufssoldaten hielten und meinten, die Ideale einer würdigen serbischen Vergangenheit zu repräsentieren – einen Völkermord organisierten, planten und freiwillig daran teilnahmen oder nur schwiegen. Die Urheber dieser Untaten haben das Ansehen des serbischen Volkes beschmutzt und den Soldatenberuf entehrt.«

Doch das war zu Beginn des Prozesses nicht so klar. Als ich Krstić zum erstenmal sah – seine Art zu sprechen, den Klang seiner Stimme, die Rücksicht, die er beim Anhören der Opfer zeigte, und eine gewisse Naivität –, hatte ich nicht den Eindruck eines Mannes, der an so schrecklichen Verbrechen wie dem Mord an den Muslimen aus Srebrenica beteiligt war. Er sah ängstlich aus, nicht wie ein primitiver, haßerfüllter und rachsüchtiger Gewalttäter. Obwohl ich ihn in dem Dokumentarfilm neben Mladić gesehen hatte, wirkte er nicht wie jener aggressiv. Er war zu schweigsam, zu reserviert und zu intellektuell, wie ein Armeebürokrat, jemand, der lieber Papiere umherschob, als Soldaten in eine Schlacht zu führen. Vor dem Tribunal bemühte er sich, den Eindruck eines integren Berufssoldaten zu hinterlassen.

Krstić erinnerte mich an meinen Vater. Gleich nach dem Ende des Zweiten Weltkriegs wurde mein Vater Berufssoldat. In dieser Funktion hatte er bessere Karrierechancen, als wenn er aus der Armee ausgeschieden und wieder Tischler geworden wäre. Für mich war mein Vater stets ein Büromensch, mit einer Vorliebe für elegante Kleidung, gutes Essen und Bälle im Offiziersklub. Er war auch meist mit Papieren befaßt und ging wegen seiner angegriffenen Gesundheit vorzeitig in Pension. Das hätte auch Krstić getan, wäre es nicht zum Krieg gekommen.

Als ich ihn so sitzen sah, fragte ich mich, ob seine Uniform denselben Geruch hatte. Die Uniform meines Vaters roch nach einer Mischung aus Tabak und Essig. Das war in den frühen Fünfzigern, und wahrscheinlich hatte er nur die eine Uniform. Ich erinnere mich, wie meine Mutter sie am Sonntag nachmittag auf dem Küchentisch bügelte, während der Vater am Radio ein Fußballmatch verfolgte. Mutter goß zuerst Wasser in eine Schüssel und gab ein paar Tropfen roten Weinessig zu. Das frischt die Farben auf, sagte sie. Dann bedeckte sie die Hose mit feuchter Gaze. Wir hatten noch kein elektrisches Bügeleisen, also erhitzte sie auf dem Herd die alte Plätte; jedesmal, wenn sie damit den

Stoff berührte, stieg eine Dampfwolke auf. Vaters Uniform war stets perfekt gebügelt, aber immer, wenn ich ihm einen Kuß gab, spürte ich diesen besonderen Geruch.

Krstić erinnert mich auch deshalb an meinen Vater, weil dieser ohne seine Uniform ein ganz anderer Mensch war, als hätte man ihm seine Macht genommen. Plötzlich war er kleiner, irgendwie schwächer und weniger laut. Hier im Gerichtssaal und in seinem dunkelblauen Blazer sieht auch Krstić verloren aus. Als hätte ihm die Uniform Identität verliehen. Es muß für ihn demütigend gewesen sein, als einfacher Zivilist vor den Richtern zu sitzen.

Da er mich sehr an meinen Vater erinnert, brauchte ich einige Zeit, um zu realisieren, daß Krstić meiner Generation, nicht der meines Vaters angehört. Als ich hörte, daß er 1998 von UNO-Kräften verhaftet wurde, war mir das nicht gleich klar, denn ich kannte niemanden aus meiner Generation, der sich zur Armee gemeldet hätte. Dieser Job war für keinen jungen Menschen attraktiv. Wir waren Stadtkinder und studierten sogenannte feine Fächer wie Philosophie, Kunstgeschichte oder Psychologie an der Universität Zagreb.

Für jene in einem abgelegenen bosnischen Dorf Geborenen war alles anders. Berufssoldat zu werden, war häufig die einzige Rettung aus so einem Dorf, zumal wenn die Eltern arme Bauern waren. Die Uniform garantierte warme Mahlzeiten, saubere Kleidung, Schuhe, freies Logis, eine Bezahlung und für die Eltern ein hungriges Maul weniger. In solchen Dörfern genossen Uniformen hohes Ansehen. Jegliche Uniform bedeutet Macht, und Macht wird respektiert und gefürchtet.

Für den jungen Krstić gab es viele Gründe, Offizier zu werden. Als Offizier kam man hinaus in die Welt, wurde anständig bezahlt, und wenn man heiratete, bekam man bald eine Wohnung. Das war für uns, seine Altersgenossen, ein großer Vorteil. So snobistisch wir auch waren, wir mußten bei unseren Eltern leben, selbst wenn wir verheiratet waren und schon Kinder hatten. Kaum einer konnte sich eine eigene Wohnung leisten. Aber trotz allen Vorzügen, die eine Uniform mit sich brachte, wußten wir, daß Jungen wie Krstić anders waren als wir. Sie waren Dorfjungen geblieben und hatten Angst vor der Stadt. Obwohl Krstićs Ehefrau seine Uniform sicher mit einem elektrischen Plätteisen bügelte, gehörte er irgendwie nicht nur meiner Generation an, sondern auch der meines Vaters.

Doch gab es andere Dinge, die ihn zum Angehörigen meiner Generation machten: Der Personenkult um Tito, die Verherrlichung des antifaschistischen Partisanenkampfs und vor allem die herrschende Ideologie der »Brüderlichkeit und Einheit«. So gesehen, unterschieden sich Krstićs Kindheit und Jugend nicht sehr von meiner. In einer Stadt oder auf einem Dorf aufzuwachsen, war nicht zu vergleichen, aber dennoch irgendwie dasselbe. In Vlasenica und Han Pijesak, wo Krstić die Schule besuchte, lernte er aus den gleichen Schulbüchern wie ich. Wir hörten dieselben Geschichten wie jene über den jungen Tito, der einen gestohlenen Schweinskopf für seine Schwester und Brüder kochte (die danach Durchfall bekamen), oder über den kleinen Boško Buha, der Kurier der Partisanen war und zum Nationalhelden wurde. Beide mußten wir alle Offensiven der Partisanen auswendig hersagen können. Ich bin sicher, daß Krstić ebenso wie ich mit seiner

Schulklasse in den frühen Sechzigern den Ort der Schlacht an der Neretva oder das ehemalige Konzentrationslager der Ustasche in Jasenovac besucht hat. Vermutlich sangen sie dieselben Lieder wie wir. Ganze Schulklassen waren verpflichtet, sich Filme wie »Neretva«, »Kozara« und »Landung in Drvar« anzusehen. An jedem 25. Mai, dem sogenannten Tag der Jugend und Titos Geburtstag, saß Krstić wahrscheinlich vor dem Fernseher und beobachtete die Ankunft der Stafettenläufer in Belgrad und das nachfolgende große Sportlertreffen. Später erfreute sich wahrscheinlich die ganze Familie an der Serie »Theater zu Hause« und lachte über den damals populären Komiker Čkalja. Sicher aßen sie auch Sarma zu Silvester. Ich vermute, daß sein erstes Auto ein kleiner Fiat 750, genannt Fićo, war und daß er den Sommerurlaub in Brela oder Makarska an der Adria verbrachte.

Weder er noch ich kamen auf die Idee, daß es eines Tages anders sein könnte. Jugoslawien schien sicher. Brüderlichkeit und Einheit schienen real. Wir – Serben, Kroaten und Muslime – wuchsen miteinander auf, gingen zusammen zur Schule, befreundeten uns miteinander, heirateten untereinander, bekamen Kinder und dachten nicht daran, daß die Nationalität eines Tages etwas Trennendes sein könnte. Die einzige Ausnahme bildeten die Albaner. Die wenigen, die in Kroatien lebten, waren Goldschmiede oder Konditoren. In Serbien verrichteten sie die schmutzigsten und schlechtestbezahlten Arbeiten. Es war schwer, sich mit ihnen zu vermischen, nicht nur wegen der Sprachbarrieren – fast alle sprachen Serbokroatisch –, sondern wegen ihres sozialen Status, denn sie galten als Menschen aus einem minderwertigen Milieu.

In seinem Eingangsstatement vor dem Tribunal, als er über seine Biographie sprach, bestätigte Krstić, daß es »... nie Vorkommnisse gab, nichts, was durch nationale Unduldsamkeit verursacht war. Im Gegenteil. Wir alle gingen zusammen zur Schule, waren Freunde und achteten einander. Das galt für die älteren Dorfbewohner und besonders für die jüngere Generation.« Das kann ich selbst bestätigen. Ich erinnere mich meiner Schulkameraden aus Serbien, Mazedonien oder Bosnien mit ihren ungewöhnlichen Namen und Dialekten. Wir bemerkten die Unterschiede, stießen uns jedoch nicht daran.

Außer der Schule war die Armee ein Fundament von »Brüderlichkeit und Einheit«. Die Jugoslawische Volksarmee galt als Grundstein des Staates. Es ist wirklich paradox, daß gerade sie zum Instrument des Kampfes gegen ihn wurde.

Das Bedürfnis nach Überwindung der nationalen Unterschiede zeigt sich in der Volkszählung von 1981, bei der sich 1,2 Millionen Einwohner als »Jugoslawen« deklarierten. Diese Gruppe wurde zur sechststärksten »Nation«. Das waren meist Angehörige der Nachkriegsgeneration, Stadtbewohner und Kinder aus gemischten Ehen. Daraus hätte eine jugoslawische Nation entstehen können – wäre es nicht zum Krieg gekommen.

Als er vor dem Tribunal über seine Vergangenheit sprach, besonders über die Jahre in Sarajevo von 1972 bis 1981, klang General Krstić nostalgisch, fast romantisch. In jener Zeit heiratete er, bekam eine Tochter und eine eigene Wohnung. »Es waren wunderbare Jahre«, sagte er. Sarajevo hatte etwas Besonderes, was es in anderen jugoslawischen Städten nicht gab. »Dieser Gemeinschaftsgeist war in Sarajevo besonders stark.

Wir fragten nie nach der nationalen Herkunft der anderen. Alle waren Bürger von Sarajevo«, schwärmte Krstić, der vielleicht für einen Moment vergaß, daß er sich im Gerichtssaal befand und seine Worte wenig überzeugend klingen mochten.

1991 begann der Krieg zuerst in Slowenien, dann in Kroatien. Der Zerfall Jugoslawiens war für Krstić schmerzlich, wie er vor Gericht zugab. Es muß für ihn wirklich niederschmetternd gewesen sein, als er sah, daß alles, woran er geglaubt hatte, den Bach hinunter ging. In jenen Jahren dachte ich viel über meinen Vater nach und darüber, wie er die Veränderungen erlebt hätte. Damals war er schon tot; er starb im November 1989. Gerade noch rechtzeitig, meinte ich. Ich hätte ihm nicht gewünscht mitzuerleben, wie Jugoslawien am Nationalismus kaputtging, gegen den er sein Leben lang gekämpft hatte. Noch wie ein ehemaliger Partisanengeneral zum profaschistischen Politiker wurde, wie Franjo Tudjman. Auf Krstić muß all das verwirrend und erschreckend gewirkt haben. Er war kein Mann der Politik und unterschätzte deren Rolle beim Ausbruch des Krieges.

Aber wie so viele andere Bosnier glaubte Krstić, daß es in seinem ethnisch so gemischten Land keinen Krieg geben würde. Ich war selbst in Sarajevo und habe diese gelassene und tolerante Atmosphäre gespürt. Als der Krieg in Kroatien schon tobte, sagten die Menschen in Sarajevo: »Niemand kann uns trennen. Muslime, Serben und Kroaten leben hier auf derselben Etage.« Obwohl es in vierzig Jahren keine nationalen Auseinandersetzungen gegeben hatte und ein Drittel der bosnischen Kinder aus gemischten Ehen stammte, begann im April 1992 der Krieg auch hier.

Damals war Krstić in Prishtina stationiert. Offiziere anderer Nationalität verließen die Jugoslawische Armee. Nachdem Bosnien/Herzegowina seine Unabhängigkeit erklärt hatte, mußte Krstić überlegen, wo er leben wollte. Da er dort geboren war, entschied er sich für Bosnien. Aber als er ankam, sah er, daß es bereits Abgründe zwischen Serben, Kroaten und Muslimen gab. Er war Serbe und begriff vielleicht zum ersten Mal, was das bedeutete. Für ihn und viele andere sollte die Nationalität zum Schicksal werden. So schloß er sich im Juni, als der Krieg bereits tobte, der Armee der Republika Srpska an.

So weit konnte ich ihm folgen. Ich konnte sehen, wie sein Leben ablief, ich konnte seine Enttäuschungen verstehen, seine Verwirrung, seine Naivität und seine Ängste. Ich kann auch seinen Glauben an die Politiker begreifen; in einem sozialistischen Land traute man nur den Politikern zu, Probleme lösen zu können. Krstić war überzeugt, daß die Politiker eine Lösung finden mußten, und damit stand er nicht allein. Das war im Grunde ein Teil des Problems. Die Menschen setzten so viel Hoffnung auf eine politische Lösung, daß sie einen Mann wie Milošević nicht zu durchschauen vermochten. Das Land zerfiel, und Miloševićs einziges Ziel war, an der Macht zu bleiben – selbst um den Preis eines Krieges. Die serbischen Medien schürten nationalistische Gefühle und überschütteten die Serben in Serbien und Bosnien mit ihrer Propaganda, bis diese glaubten, von den »anderen« wirklich bedroht zu sein. Die kroatischen und bosnischen Medien verfielen auch bald in nationalistischen Wahn. Schon war Vukovar zerstört, Dubrovnik bombardiert, Sarajevo belagert, doch Krstić hoffte noch immer, daß es eine politische Lösung für die Situation in Bosnien gab.

Während ich Krstić so im Gerichtssaal betrachte, tut er mir, ehrlich gesagt, manchmal leid. Ich denke darüber nach, was er gesagt und was er nicht gesagt hat, jedoch besonders über eine Frage, die ihm niemand stellte, obwohl sie für mich die wichtigste ist: Wie ist es möglich, daß jemand, der ohne ethnische Vorurteile aufgewachsen ist, ein Berufsoffizier, den die Jugoslawische Volksarmee im Geiste von »Brüderlichkeit und Einheit« erzogen hat, am Ende wegen Völkermords an seinen muslimischen Landsleuten vor Gericht steht? Wenn er wirklich so unvoreingenommen war und sich im multiethnischen Sarajevo so wohl fühlte, warum unterstützte er dann die nationalistische Politik der Republika Srpska? Wie gerät jemand in die Situation, den Tod von Menschen zu befehlen, die er bis gestern beschützt hat? Wie kann ein Mensch mit einem Minimum an Integrität so etwas tun?

Vielleicht agierte Krstić gegen alle seine Instinkte, gegen alles, was er je gelernt und geliebt hatte, und leugnete damit sich selbst? Aber das hätte er mit seiner mentalen Gesundheit bezahlt. Oder er muß fest überzeugt gewesen sein, daß er mit dem Eintritt in die Armee der Republika Srpska sein eigenes Leben retten und sein eigenes Volk verteidigen würde. Seit der Krieg begonnen hatte, mußten die Menschen eine Wahl treffen, Partei ergreifen. Manchmal zerbrach darunter eine Familie. Krstićs Situation war dramatisch, das gebe ich zu, aber nicht dramatischer als die vieler anderer. Wer nicht Partei ergreifen wollte, mußte das Land verlassen, was oftmals der Fall war. Andererseits lebten Menschen unterschiedlicher Nationalität weiterhin zusammen, zumal in Sarajevo. Doch die meisten ergriffen Partei. Krstić war Berufssoldat, und das hieß, sich den bewaffneten Kräften der Republika Srpska anzuschließen.

Dieser Mann, der Sarajevo so sehr liebte, beschloß zu Beginn des Krieges, nicht dorthin zurückzukehren. Vielleicht lag das an der Belagerung, oder er empfand sich nicht mehr als Bürger Sarajevos. Aufgrund seiner bäuerlichen Herkunft entschied er sich für ein Dorf, dort fühlte er sich sicherer. Die Menschen in Sarajevo bezeichneten den bosnischen Krieg als einen Krieg von Bauern und Citoyens, die ersteren angeführt von Radovan Karadžić. Er stammt aus einem Dörfchen in Montenegro, kam mit dem urbanen Leben nie zurecht, faßte nie richtig Fuß in Sarajevo und fühlte sich von dessen Bewohnern gedemütigt. Nun ergriff er die Chance, sich zu rächen.

Nachdem Krstić einmal der Armee der Republika Srpska beigetreten war, verlief alles andere mehr oder weniger den Umständen entsprechend. In den folgenden drei Jahren wurde er mehrmals befördert, zum letzten Mal einen Monat vor dem Angriff auf Srebrenica: Er bekam den Rang eines Generalobersten und stellvertretenden Befehlshabers des Drina-Bataillons. Im Juli 1995 nahm das Drina-Bataillon Srebrenica und Žepa ein. General Ratko Mladić übernahm in Srebrenica das Kommando. Für Krstić war das der Moment, da ihm sein willfähriger Charakter »erlaubte«, die falsche Seite zu wählen, da er »dem Bösen zustimmte«, wie sich der Ankläger Mark Harmon ausdrückte. Das war der Moment, da er noch gegen die Umstände hätte aufstehen können, vorausgesetzt, daß Krstić überhaupt gegen die Deportation und Exekution der Muslime war. Tatsächlich hatte er nicht die Kraft dazu. Er war ein Opportunist und schwamm mit dem Strom. In den drei Jahren seiner Zugehörigkeit zur Armee der Republika Srpska hatte er peu à peu den Punkt erreicht, an dem er die Befehle von General Mladić nicht mehr verweigern konnte. Aber er mußte sich zumindest der Konsequenzen bewußt gewesen sein.

Krstić ist kein pathologischer Fall, kein Untäter, der die Muslime haßte und vernichten wollte. Doch er wirkt wie jemand, der mit sich selbst im Widerstreit liegt. Er ist ein Schwächling, der einem Vorgesetzten gegenüber nicht »nein« sagen kann. Ebenso erging es Tausenden anderen. Die »Politik der kleinen Schritte«, der täglichen Entscheidungen und Zugeständnisse, der Zusammenarbeit auf niederem Niveau versetzte Männer wie Krstić in Situationen, wo sie den Befehlen von Männern wie Ratko Mladić zu folgen hatten oder sich widersetzen konnten. In diesem Fall lautete der Befehl, die Muslime aus Srebrenica umzubringen. Krstić hätte sich widersetzen, zurücktreten oder einen Gegenbefehl erlassen können. Statt dessen beschloß er, nichts zu tun, denn Widerstand gegen Mladić wäre ihn teuer zu stehen gekommen. Dem Tribunal versuchte er das so zu erklären: »Nicht in meinen wildesten Träumen konnte ich an solche Maßnahmen denken. Es war verboten, über solche Dinge zu sprechen, geschweige denn Schritte gegen einen kommandierenden Offizier zu unternehmen, selbst wenn er oder jemand anders ein Kriegsverbrechen plante.« Mehr als seine Feigheit bot er den Richtern nicht als Ursache an.

Tatsache ist, daß Krstić nicht widersprach, als Mladić das Kommando über seine Truppen okkupierte und Befehle ausgab, er schwieg, als Mladić drohte, die Bewohner Srebrenicas auszurotten. Obwohl Krstić behauptete, nichts von den Massenexekutionen gewußt zu haben, er hätte wohl kaum etwas dagegen unternommen. Als sie begannen, war es ohnehin zu spät. Für Krstić war Mladić eine zu unantastbare Autorität. Als Offizier konnte man seine Vorgesetzten nicht herausfordern, schon gar nicht, wenn man zuvor in der Jugoslawischen Volksarmee gedient hatte. Jede Armee ist per Definition eine autoritäre Institution, umsomehr eine kommunistische Armee. Und – obwohl das keine Rechtfertigung für Krstićs Verhalten ist – Mladić ist nicht der Mann, dem man ohne Angst vor Konsequenzen widersprechen konnte. Wie er selbst sagte, hatte Radislav Krstić Angst vor Ratko Mladić in Srebrenica und später. Mehrere Male erklärte er in Kreuzverhören, er habe Angst um seine Familie und um sich selbst gehabt, was die Richter nicht sehr beeindruckte. Es gibt Dinge wie Kriegsrecht, Ethik und Offiziersehre. Krstić hätte sich daran halten und Kriegsverbrechen verhindern müssen. Wenn nicht, hätte er sie wenigstens anzeigen müssen. Auch das tat er nicht. Die von ihm angeführte Tatsache, er habe nichts von den Verbrechen gewußt, befreite ihn nicht von der Pflicht, sie anzuzeigen, nachdem er davon erfahren hatte. Aber bei wem? Bei seinen Vorgesetzten Mladić und Karadžić? Bei den UNPROFOR? Wenn wir voraussetzen, daß er gegen die Massenmorde war, was konnte Krstić überhaupt tun? Vielleicht hätte es einen Ausweg aus dieser Situation gegeben, doch für Krstić wäre der Preis wohl zu hoch gewesen …

Andererseits war der Gedanke an persönliche Verantwortung wohl zu abstrakt für General Krstić. Wo hätte er das auch lernen können? Die sozialistische Gesellschaft ist wie die ihr nachfolgende nationalistische eine kollektive Gesellschaft; sie kennt keine individuelle Verantwortung, denn es gibt kaum Individualismus.

Man muß sich fragen: Wie wird mein Nachbar zu meinem Feind? Vor dem Fall der Enklave Srebrenica hatte die serbische Propagandamaschinerie, besonders das Fernsehen, fast zehn Jahre lang die Feinde dämonisiert – Kroaten, bosnische Muslime und Albaner. Der Fall Srebrenicas und die nachfolgenden Massenmorde waren nur durch lange psychologische Vorbereitung möglich. Bis 1995 waren die Muslime zu Nicht-Menschen geworden, ähnlich wie die Juden im Zweiten Weltkrieg. Die Ausrottung der Juden ging auch schrittweise vor sich, durch kleine Dinge wie das Verbot von Friseurbesuchen, Erwerb von Lebensmitteln oder Blumen oder Benutzung der Straßenbahn. Bis sie in den Gaskammern endeten.

Auch vor 1995 wurden in Bosnien viele Kriegsverbrechen begangen, von allen sich befehdenden Parteien und immer im Namen der Nation. Die Einnahme der Enklave Srebrenica war ein Racheakt für einen vorangegangenen Angriff der bosnischen Muslime auf das benachbarte serbische Dorf Kravice, bei dem viele serbische Zivilpersonen umkamen. Deshalb betrachteten Täter wie Krstić den Mord an Muslimen als gerechtfertigt. Doch Tatsache ist, daß das, was in Srebrenica geschah, nicht nur die militärische Eroberung einer Enklave – mit ein paar »Kollateralschäden« –, sondern ein Akt der »ethnischen Säuberung« war. Mehr als 7000 Männer wurden exekutiert, während etwa 30 000 Frauen, Kinder und Greise gewaltsam deportiert wurden, um das Tal der Drina »muslimfrei« zu machen. Das hatte der Präsident der Republika Srpska, Radovan Karadžić, angeordnet, »um eine unerträgliche Situation totaler Unsicherheit ohne Hoffnung auf Überleben für die Einwohner von Srebrenica und Žepa« zu schaffen.

Aber stets findet sich wenigstens einer, der selbst Massenmorde überlebt. Einer von ihnen, der Zeuge »O«, sprach beim Prozeß gegen Krstić vom ersten Massenmord in Europa nach dem Zweiten Weltkrieg. Er war erst siebzehn, als das geschah. »Einige schrien: ›Gebt uns Wasser, bevor ihr uns umbringt.‹ Mir tat es sehr leid, daß ich durstig sterben würde, und ich versuchte mich unter den anderen zu verstecken. Ich wollte nur noch eine Sekunde oder zwei leben. Als die Reihe an mich kam, sprang ich mit noch vier andern aus dem Lastwagen. Ich ging mit gesenktem Kopf und fühlte nichts ... Ich sah viele Tote. Sie waren wie in Linien aufgereiht. Da dachte ich, daß ich schnell und ohne Schmerzen sterben würde. Und dann, daß meine Mutter nie erfahren würde, wo es mit mir ein Ende genommen hat ...«

Bei der Aussage des Zeugen »O« wirkte Krstić erschüttert. Er wußte nicht, wohin er blicken sollte. Das unterstrich meinen Eindruck, daß er Mitleid mit seinen Opfern hatte. Es schien, als wäre es unerträglich für ihn, diesem Zeugen zuzuhören, als ob dieser junge Mann, der zufällig überlebt hatte, ihm die Realität seines Tuns näher gebracht hätte als jene abstrakte Zahl von 7000 Männern. Mein Eindruck von Krstić als passiver Schwächling, der selbst zum Opfer der Umstände geworden war, dauerte nur so lange, bis der Ankläger sein Verhör begann.

Krstić verfolgte eine einfache Verteidigungslinie. Er leugnete nicht, daß die Einheiten der Republika Srpska Kriegsverbrechen begangen hatten, aber daß er sie befohlen habe. General Mladić stand im Rang über ihm und übernahm stets das Kommando. Tag für Tag während der Kreuzverhöre versuchte er, die Ankläger und Richter zu überzeugen, daß er mit der ganzen Operation nichts zu tun hatte. Mit anderen Worten, Krstićs Strategie war die totale Zurückweisung jeder Verantwortung: Er war nicht nur nicht an der Planung, Organisation und Anordnung von Morden und Deportationen beteiligt, sondern wußte gar nicht, daß diese Dinge in seiner Nähe geschahen; mehr noch, er war nicht anwesend. Seit dem 12. Juli 1995 nachmittags sei er in Žepa gewesen und habe nichts davon gehört, was in Srebrenica geschah. Über die schlimmsten Grausamkeiten habe er erst bei seinem eigenen Prozeß erfahren.

Die Fragen des Anklägers beantwortete er häufig mit »Ich weiß es nicht«, selbst wenn die Umstände dafür sprachen, daß er informiert gewesen sein mußte. Schon am 17. Juli 1995 wies zum Beispiel ein Berater von Radovan Karadžić öffentlich den Vorwurf der Folterung, Ermordung und Deportation muslimischer Zivilpersonen zurück. Die Muslime wurden von den Serben gut behandelt, sagte er. Die Berichte der Weltpresse über die Kriegsverbrechen in Srebrenica waren sehr bald erschienen, selbst die offizielle chinesische Nachrichtenagentur wies bereits am 17. Juli darauf hin. Aber General Krstić hatte keine Ahnung.

Als der Ankläger ihn fragte, ob er auf dem Weg nach Potočari die vielen Busse und Lastautos gesehen habe, die die Menschen aus der Enklave abtransportieren sollten, entgegnete Krstić, er habe nichts bemerkt, obwohl er bei einem Interview mit etlichen Bussen im Hintergrund gefilmt worden war. All das geschah auf einem Areal von etwa vierzig Quadratkilometern. Das war, als erklärte der Bürgermeister einer Kleinstadt, er habe keine Ahnung, daß in seinem Ort ein großes Fußballmatch stattfand, er habe weder den Konvoi von fünfzig bis sechzig Bussen noch die Tausenden Fans in den Straßen, noch das Verkehrschaos, noch die allgegenwärtige Polizei bemerkt ...

Wie die Anklage bewies, war es schlechthin unmöglich, daß ein Mann von Krstićs Rang keine Ahnung hatte, was um ihn herum geschah. 30 000 Menschen zu deportieren und 7000 zu erschießen, war eine große und logistisch komplizierte Operation. Sie erforderte die Kooperation, das Wissen und die Teilnahme zahlreicher Soldaten, wie der Ankläger Peter McCloskey beim Prozeß hervorhob: »Man mußte Befehle erlassen und an alle Einheiten weiterleiten, die am Transport, der Erschießung und Beerdigung der Opfer beteiligt waren. Man mußte ausreichend viele Fahrzeuge sammeln, um die Tausenden Opfer vom Ort ihrer Gefangennahme zu den Zentren nahe der Richtstätte zu transportieren. Man mußte Treibstoff beschaffen, Bewacher und Sicherungskräfte für jedes Fahrzeug abkommandieren, Sammelzentren auswählen, die sicher genug und in der Nähe der Richtplätze waren. Man mußte Augenbinden und Stricke zum Fesseln der Gefangenen besorgen und Männer abkommandieren, welche die Inhaftierten vor ihrer Exekution beaufsichtigten. Man mußte die Erschießungskommandos organisieren und bewaffnen, schweres Gerät bereitstellen zum Ausheben der Massengräber und Menschen abstellen zur

Beerdigung der Tausenden Opfer, die wir später entdeckten. Im September desselben Jahres wurden Massengräber eröffnet und die Leichen an verschiedenen Orten bestattet. Obwohl er sich in Žepa aufhielt, hatte General Krstić Kenntnis von dem, was geschah, und es waren seine Offiziere und Soldaten aus dem Drina-Korps, die daran teilnahmen.«

Krstić log vor dem Tribunal, aber sehr wenig überzeugend. Das war seine Taktik. Offenbar nicht, um eine mildere Strafe zu bekommen. Das brauchte er nicht zu versuchen, denn er wußte, daß man ihn nicht nur als Person, sondern als Befehlshaber zur Verantwortung ziehen würde. Er log wohl eher, um sein Gesicht und seine Selbstachtung zu wahren, und in der Hoffnung, daß alle Schuld für Srebrenica auf Mladić fallen würde. Es konnte einen weiteren Grund für seine schamlosen Lügen geben. Übrigens war es in Bosnien, Serbien oder Kroatien nicht ehrenrührig, wenn man log. Ich erinnere mich, wie erstaunt westliche Botschafter, Politiker und Abgesandte nach Begegnungen mit Mladić, Karadžić oder gar Milošević waren: Sie logen Lord Owen, Carl Bildt, Richard Holbrooke ins Gesicht; sie gaben ihr Ehrenwort und unterzeichneten Verträge, ohne groß nachzudenken. Es dauerte eine Weile, bis die Männer aus dem Westen sich dessen gewahr wurden. Das Leben im Sozialismus und Post-Kommunismus ist geprägt von einer Kultur der Lüge. Das Gebot »Du sollst nicht lügen!« gilt nicht. Im Gegenteil, wer lügt, kann überleben und profitieren; wer die Wahrheit sagt, ist dumm.

Wenn Krstić gehofft hatte, die Richter, die Anklage und das Publikum von seiner Ehrenhaftigkeit als Berufsoffizier überzeugen zu können, so war diese Chance definitiv dahin, als McCloskey ein Tonband mit einem Dialog zwischen Krstić und seinem Adjutanten Major Obradović abspielte. Vorher fragte er noch: »General Krstić, haben Sie je den Befehl zur Ermordung von Muslimen gegeben?« Krstić antwortete sofort: »Nein.« Nach dem Abspielen des Tonbands wurde klar, warum McCloskey diese Frage gestellt hatte.

»*Krstić:* Arbeitet ihr da unten?
Obradović: Ja, natürlich.
Krstić: Gut.
Obradović: Wir haben noch einige erwischt, mit der Waffe oder auf den Minenfeldern.
Krstić: Liquidiert sie alle!
Obradović: Alles läuft nach Plan.
Krstić: Keiner darf am Leben bleiben!
Obradović: Es läuft nach Plan. Alles.
Krstić: Das muß es auch, Chef. Die Türken hören wahrscheinlich mit. Sollen sie ruhig, die Mutterficker (die Muslime in Bosnien wurden verächtlich Türken genannt).«

Danach trat eine kurze Pause ein. Der Ankläger sah Krstić an. Jetzt waren alle Blicke auf ihn gerichtet. General Krstić senkte den Kopf und schlug die Hände vors Gesicht. Es war eine verzweifelte Geste, und es schien, als würde er in Tränen ausbrechen. Das war das Ende seiner Hoffnung, mit unbefleckter Ehre als Mensch und Offizier davonzukommen. Es war das Ende von allem, und er wußte das. Er war vernichtet. Er sank in sich zusammen, schien plötzlich verwundbarer. Zum zweitenmal während dieses Prozesses empfand ich Mitleid mit ihm, weil er sich so böse verrechnet, nicht geahnt hatte, daß dem Gericht das abgehörte Tonband vorlag.

»General Krstić, haben Sie Major Obradović am 2. August 1995 den Befehl gegeben, die an diesem Tag gefangengenommenen Muslime zu töten?« fragte der Ankläger. Krstić schrie fast: »Nein, Herr McCloskey! Das ist eine Montage! An dem Tag habe ich überhaupt nicht mit Obradović gesprochen. Außerdem erkenne ich auf dem Tonband weder die Stimme des Gesprächspartners noch meine eigene. Ich wiederhole: Das ist eine Montage!«

Das war das erste Mal, daß Krstić so heftig reagierte. Offenbar hatte er Angst davor, bei einer Lüge ertappt zu werden. Er hatte den Mordbefehl gegeben. Obwohl er leugnete, es waren seine Worte.

Das Tonband stammte aus zwei verschiedenen Quellen, dennoch wurde es bei der Urteilsfindung nicht in Betracht gezogen; die Richter hatten genügend andere Beweise.

Am Ende dieses Tages schien selbst der Ankläger Mitleid mit Krstić zu haben. Nach Srebrenica hatte Krstić eine Petition zur Unterstützung von General Mladić gegen den Präsidenten Radovan Karadžić unterschrieben. Damals wußte Krstić nach eigenem Eingeständnis bereits, daß Mladić Kriegsverbrechen begangen hatte. »Ich mußte unterschreiben, denn alle anderen Generäle hatten das auch getan – können Sie sich vorstellen, was mir geschehen wäre, wenn ich nicht unterschrieben hätte?« sagte er mit zitternder Stimme. McCloskey sah ihn bedauernd an. Dann zählte er die Namen von fünf Generälen auf, die nicht unterschrieben hatten und dennoch am Leben und unversehrt geblieben waren. Er stellte Krstić die Frage, die jeder hier gestellt hätte: »Warum sind Sie nach alldem nicht in den Ruhestand gegangen, General? War das die richtige Wahl, General?« Es war ein *coup de grace* ... Gebrochen und demoralisiert, konnte General Krstić nur noch sagen: »Diese Frage möchte ich lieber nicht beantworten.«

Vielleicht war Krstić wirklich so naiv zu glauben, daß er mit geschickten Lügen die Anklage hinters Licht führen konnte und Mladić als der allein Schuldige dastehen würde. Krstić wäre gern als Zuschauer angesehen worden. Doch im Krieg gibt es keine Zuschauer. In Srebrenica war Krstić sicherlich keiner. Er war sogar sehr beteiligt. Oder, wie der Richter Almiro Rodrigues sagte: »Sie waren dort, General Krstić, Sie haben gehorcht, Sie haben Befehle gegeben, Sie haben gewußt! Sie waren dabei, als die Männer von den Frauen, den Kindern und den alten Leuten getrennt wurden. Sie konnten nicht übersehen, in welchem Zustand sie waren. Sie haben die Schreie der Männer gehört, die geschlagen wurden, bevor man sie in das sogenannte Weiße Haus abführte.«

Der Mann, der den Gerichtssaal mit einer Aura von Naivität betreten hatte, scheinbar kooperationsbereit, aber nicht dazu, sich Mladić entgegenzustellen – selbst ein Opfer der Umstände –, dieser Mann war am Ende restlos überführt. Sein Prozeß zeugte vom Niedergang einer Gesellschaft, die ihre Werte, einer Armee, die ihre Ehre und eines Mannes, der seine Seele verloren hatte, als er sich im Juli 1995 auf das Böse einließ.

8. Ein Tag im Leben von Dražen Erdemović

Dražen Erdemović, geboren 1971 in Tuzla, Mutter Kroatin, Vater Serbe, wurde für Verbrechen gegen die Menschlichkeit angeklagt, weil er am 16. Juli 1995 an der Exekution von Muslimen in Srebrenica teilgenommen hatte. Im Verlauf der Ermittlungen und des Prozesses zeigte er mehrmals Reue wegen seiner Taten. Er habe schießen müssen, erklärte Erdemović, denn hätte er sich geweigert, wäre er selbst getötet worden. Das ursprüngliche Urteil lautete auf zehn Jahre Gefängnis, wurde jedoch nach der Berufung auf fünf reduziert: Das Tribunal nahm zur Kenntnis, daß Erdemović unter extremem Druck gehandelt hatte. Er war Zeuge der Anklage in den Fällen Krstić und Karadžić/ Mladić. Heute ist er ein freier Mann und hat den Status eines geschützten Zeugen.

Es war schon nach neun Uhr morgens, als Dražen Erdemović mit seiner Einheit auf der Farm Branjevo eintraf. Beim Aufbruch aus der Basis Vlasenica hatte man ihnen nicht gesagt, welche Aufgabe sie erwartete. Der Befehlshaber Brano Gojković war während der Busfahrt schweigsam und sagte seinen Soldaten nicht, wohin sie unterwegs waren. Das mißfiel Dražen. Die Zehnte Pioniereinheit der Armee der

Republika Srpska hatte normalerweise klare Aufträge – Kundschaftertätigkeit oder Verminung des gegnerischen Territoriums –, die stets detailliert erläutert wurden. Hier aber war alles geheimnisumwoben. Dražen wußte nur, daß sie viel Munition für Pistolen und automatische Waffen mit sich führten.

Nach kurzer Fahrt erreichten sie eine Farm für Schweinezucht. Alle Gebäude waren verwaist, kein Tier war zu sehen und kein Mensch bis auf einen Wachmann. Einige Soldaten setzten sich in den Schatten der hohen Eiche auf dem Hof. Es war früher Vormittag, jedoch schon heiß. Dražen betrachtete die umliegenden Felder, den Wald und dahinter die blauen Berge. Es war ein schöner Anblick, der ihn an das Dorf erinnerte, in dem seine Eltern lebten und er als Kind die Sommer verbracht hatte. Bosnien ist schön, hatte er immer gedacht. Nicht daß er viel gereist wäre, um Vergleiche anzustellen, doch andere sagten das auch. Ihm war heiß. Gäbe es doch einen Fluß, um schwimmen zu gehen. Ja, das hätte er jetzt gern getan. Wie als kleiner Junge, wenn er mit seinen Freunden im Dorfbach badete, mit einer Tomate und einem Schmalzbrot, das ihm die Großmutter zurechtgemacht hatte. Dražen konnte sich noch an das gute Gefühl erinnern, wenn er, vom Laufen erhitzt, ins kalte Wasser sprang und danach in die sonnenwarme Tomate biß.

Aber er war nicht zum Schwimmen nach Branjevo gekommen. Er zündete sich unsicher eine Zigarette an. Worauf warten wir, sagte er zu Ivan, einem kroatischen Soldaten, der neben ihm saß. Ivan war schlecht gelaunt. Frag nicht so viel, murmelte er. Dražen ließ es sein und legte sich hin. Das Gras unter dem Baum war noch kühl und feucht vom Morgentau. Der Himmel über ihm war so blau, daß ihm fast die Augen schmerzten. Er schloß sie und ließ seine Gedanken schweifen. Wäre er doch all das los, den Krieg, die Uniform, die Schießerei. Er hatte nie Soldat werden wollen, hatte keinen Enthusiasmus dafür gezeigt und deshalb auch keine Karriere gemacht. Einmal war er befördert worden, doch das dauerte nur zwei Monate, weil die Vorgesetzten bald bemerkten, welch lascher Soldat er war. Nie im Leben war es ihm gut gegangen, als wäre da eine höhere Macht, die über ihn entschied. Er hätte in Tuzla bleiben können, doch dort gab es keine Arbeit für einen Schlosser. Außerdem waren alle Männer seines Alters bereits in den Armeen Serbiens, Kroatiens oder Bosniens mobilisiert.

Zuerst diente er 1990 in der Jugoslawischen Volksarmee in Belgrad als Militärpolizist. Dann wurde er nach Slawonien geschickt, um gegen Kroatien zu kämpfen. Als er 1992 nach Tuzla zurückkam, wurde er bald vom Kroatischen Verteidigungsrat (HVO) in der Herzegowina mobilisiert. Nach einem Jahr verließ er den HVO und versuchte, eine Zeitlang ohne Krieg zu leben. Er heiratete. Bekam ein Baby. Es schien, als geschähen ihm die Dinge einfach, als hätte er keine Wahl. Wie jetzt. Statt in Branjevo hätte er in der Schweiz sein sollen. Mit seiner Frau war er in die Republika Srpska gekommen, weil er Dokumente organisiert hatte, um aus diesem wahnsinnigen Land zu fliehen. Aber als sie in Bijeljina ankamen, war der Mann mit ihren Dokumenten nicht erschienen. Also steckten sie fest, ohne Geld und mit einem Kleinkind. Darum mußte Dražen eine Arbeit finden. Drei Monate zuvor hatte ihm ein Freund gesagt, die Armee der Republika Srpska bezahle gut und besorge Wohnungen. Bald teilten sie

Dražen ein verlassenes muslimisches Haus zu. Doch für ihn war die Armee nur eine vorübergehende Lösung, wichtiger war, an die Dokumente zur Ausreise zu kommen. Das war der einfachste Weg nach draußen, dachte Dražen; doch manchmal gehen Menschen in die Falle und können sich dafür nur selbst die Schuld geben. Und so geriet er statt in die Schweiz nach Branjevo. Anfangs war seine Einheit nicht an den Kämpfen beteiligt. Er war schon seit vier Jahren Soldat in verschiedenen Armeen und in verschiedenen Territorien Jugoslawiens, aber der Krieg war für ihn noch immer unwirklich. Dražen kam sich in seiner Uniform nicht richtig anwesend vor.

Während er im Gras lag, fühlte er ein leichtes Beben des Bodens. Als Kind hatte er einmal sein Ohr auf eine Eisenbahnschiene gelegt. Obwohl kein Zug zu sehen war, konnte er das Geräusch der Lokomotive hören, lange bevor sie hinter dem benachbarten Hügel auftauchte. Er stand auf und sah sich um. Die anderen hatten noch nichts gehört, doch das war nur eine Frage der Zeit. Eben traf der erste Autobus ein, ein ziemlich schäbiges Fahrzeug, wie sie zwischen den Dörfern verkehrten und häufig Pannen hatten. Dražen sah die Aufschrift »Centrotrans« und einige Soldaten auf den vorderen Sitzen. Der Bus hielt vor dem Hauptgebäude. Der Befehlshaber wechselte ein paar Worte mit dem Fahrer, während zwei Soldaten die hintere Tür öffneten. Ein Mann stieg aus. Dražen vergaß ihn nicht mehr, denn in diesem Moment begriff er, was ihre Aufgabe war, und zitterte. Der Mann war groß und sehr mager, doch Dražen konnte sein Alter nicht schätzen, weil er eine schmutzige Augenbinde trug. Gekleidet war er in ein blaues, verschwitztes Hemd, blaue Trainingshosen und Turnschuhe. Seine Hände waren auf dem Rücken gefesselt. Ihm folgten noch fünfzig Gefangene. Ein Soldat führte sie zu einem Feld jenseits des Gebäudes.

Der Befehlshaber rief sie zusammen und sagte, jetzt kämen Autobusse mit Zivilisten aus Srebrenica. Er meinte die gefangenen Muslime, die sich den Einheiten der Armee der Republika Srpska ergeben hatten. Wir werden sie liquidieren, sagte der Kommandeur. Das gefiel Dražen gar nicht. Nie hatten sie so einen Auftrag gehabt, aber keiner sagte ein Wort. Nur einer, Pero, hatte es eilig, aber Dražen bemerkte, daß er Schnaps getrunken hatte und wahrscheinlich alkoholisiert war. Dražen sah die Gefangenen an. Sie standen mit dem Rücken zu den Soldaten.

Ein Mann wandte sich halb zu ihnen um, als erwartete er etwas. Wollte er etwas von ihnen? Für Dražen war das widerlich, und er hatte Angst, sich übergeben zu müssen.

Nein, das konnte er nicht tun. Er konnte Menschen nicht einfach so töten. Als er sich seinem Kommandeur näherte, zitterten ihm die Hände. Ich will das nicht tun, sagte er. Brano Gojković wandte sich zu Dražen, als habe er nicht richtig gehört. Was? sagte er. Dražen kannte den Trick. Gojković wollte, daß er seine Worte lauter wiederholte, damit er Zeugen für Späteres haben würde. Dražen sah die Soldaten an. »Genossen, ich will das nicht tun. Seid ihr noch normal? Wißt ihr, worauf ihr euch einlaßt?«

Er fühlte, wie ihn der Mut verließ, während die anderen seinem Blick auswichen. Pero lachte laut über ihn. Es folgte eine unbehagliche Stille. Dražen bemerkte plötzlich, daß er den ganzen Tag kein Vogelgezwitscher gehört hatte … Gojković sah ihn ernst und starr an. »Wenn du das nicht tun willst, Erdemović, geh zu den Gefangenen, und du wirst auch erschossen. Gib mir deine Waffe!«

Dražen mußte verstanden haben, daß es der Offizier ernst meinte. Doch er war verwirrt, diese Reaktion hatte er nicht erwartet. Für einen Moment hatte er gehofft davonzukommen, wenn er einfach »nein« sagte. Jetzt fiel ihm ein Fall von Ungehorsam ein, als ein Soldat auf Befehl des Oberstleutnants Pelemiš erschossen worden war. Er hätte längst den Befehl verweigern müssen; nun war es zu spät. Dražen stand da mit seiner Kalaschnikow. Sein Herz schlug so heftig, daß er nichts anderes hörte. Er dachte daran, in den Wald zu fliehen. Wenn er nur allein gewesen wäre. Aber er sah das Gesicht seiner Frau vor sich und fühlte sich hilflos. Die Armee konnte sich an ihr und an dem Baby rächen. Ich trage Verantwortung für drei Menschenleben, dachte er. Das war eine Ausrede, die Wahrheit war, daß er sich als Feigling erwiesen hatte, das wußte er. Was hätte er sonst tun können? Gojković würde ihn sofort exekutieren lassen, und Pero hätte es mit Vergnügen getan, obwohl Dražen nicht begriff, was er gegen ihn hatte. Vielleicht weil Dražen kein reiner Serbe war, weshalb Gojković' Drohung noch ernster zu nehmen war.

Der Kommandeur sah ihn nicht mehr an, als hätte er das Interesse an seiner Entscheidung verloren. Er ließ die Soldaten hinter den Gefangenen antreten, welche niederknien mußten. Dražen stand am Rand des Erschießungskommandos. Sein Herz schlug noch immer heftig, als er seine Waffe auf einen älteren Mann richtete, dessen Gesicht er zum Glück nicht sah.

Fieberhaft wog er seine Möglichkeiten ab. Natürlich hätte er zwischen zwei Gefangene zielen können. Doch die wären nachträglich exekutiert worden. Übrigens war ihr Trupp klein, kaum zehn Mann, und hätte er danebengezielt, wäre er bald entdeckt worden. Der Kommandeur hätte gewußt, wer da sabotierte, und hätte ihn töten lassen. Nein, er mußte genau zielen. Da kam der Befehl »Feuer!«, und jener ältere Mann entschwand seinen Blicken. Dražen erinnerte sich nur, daß er ein graues T-Shirt getragen hatte. Er schloß die Augen und versuchte sich zu beruhigen. Doch es gab keine Ruhe, schon standen neue Gefangene vor ihnen. Einer schrie »Ihr verdammten …«, konnte jedoch seinen Satz nicht beenden, denn schon kam der nächste Feuerbefehl. Nachdem er einmal angefangen hatte, schoß Dražen alle paar Minuten, ohne nachzudenken. Er versuchte nur auf ältere Männer zu zielen; ihm schien, der Schaden wäre dann geringer.

Als Dražen auf seine Uhr sah, war er schockiert: sie hatten nur fünfzehn Minuten gebraucht, um mehr als sechzig Menschen zu töten! Inzwischen war der nächste Bus schon eingetroffen. Die Gefangenen konnten nicht sehen, was sie erwartete, denn auch sie trugen Augenbinden. Dražen war froh darüber; er betrachtete es als eine Gnade gegenüber diesen armen Menschen. Aber bald kamen Busse voller Männer, die keine Augenbinden trugen und deren Hände nicht gefesselt waren, als hätte man sie hastig zusammengetrieben, in die Busse gestopft und zur Farm Branjevo transportiert. Warum diese Eile? Dražen begriff es nicht. Die Männer ohne Augenbinden konnten sehen, was sie erwartete. Sie sahen die Leichen und die Soldaten mit ihren Kalaschnikows. Dennoch stiegen sie aus dem

Bus und ließen sich zur Richtstätte führen wie Vieh zum Schlachthof. Der Wald war in der Nähe, es wäre logisch gewesen, einen Fluchtversuch zu unternehmen. In wenigen Minuten konnten sie in die Sicherheit des dichten Baumbestands eintauchen; das war eine kleine Chance zu überleben. Doch keiner der Gefangenen brach aus. Dražen hatte so etwas nie zuvor gesehen: Gefangene, die sich in den Tod geleiten ließen. Erwarteten sie, daß jemand sie retten würde? Wären alle auf einmal losgerannt, hätten einige flüchten können. Und selbst wenn alle getötet wurden – sie wären in dem Wissen gestorben, daß sie es versucht hatten. Sie hatten nichts zu verlieren, schon als sie aus dem Bus stiegen, mußte ihnen klar sein, was auf sie zukam. Dražen hoffte, sie würden weglaufen, damit hätte er einen Grund zum Schießen gehabt. Das wäre leichter und fairer gewesen, sie hätten eine Chance zum Entkommen gehabt. Aber nein – die Gefangenen bewegten sich ruhig und gehorsam, wie paralysiert.

Vielleicht empfanden diese Männer nichts mehr? Aber dann sah er etwas, das ihn entsetzte. Während er auf den Kopf eines Mannes zielte, zeigte sich auf dessen Hose ein verräterischer nasser Fleck, der sich ausbreitete. Er hörte den Befehl und feuerte. Als der Mann umfiel, sah Dražen, daß er noch lebte und weiterhin vor Angst urinierte. Das war ihm so unangenehm, als wäre es ihm selbst passiert. Es hätte auch mir passieren können, dachte er, schob jedoch den Gedanken beiseite. Er war müde und wütend auf sich, auf Gojković, auf alle. Es war nicht recht, all diese Männer umzubringen. Als Soldaten wären sie Kriegsgefangene gewesen, als Zivilisten verdienten sie diese Behandlung nicht. Er wußte, daß sie etwas falsch machten. Gäbe es Gerechtigkeit, würden diese Männer nicht einfach so umgebracht werden, ohne Prozeß, ohne Beweis für ihre Schuld. Hunderte Männer konnten nicht einfach so verschwinden. Die Angehörigen würden nach ihnen suchen, und am Ende würde man Dražens Einheit die Schuld an ihrem Tod geben. Wenn Gojković keine Zeugen wollte, was war mit seinen eigenen Soldaten? Waren sie nicht Mitwisser des Verbrechens? Wie konnte er sicher sein, daß keiner reden würde?

In diesem Moment hörte Dražen Geräusche. Unter den Gefangenen auf dem Feld stand ein Mann von etwa sechzig Jahren, grauhaarig und gutgekleidet. »Bringt mich nicht um!« rief er. »Ich habe vielen Serben in Srebrenica das Leben gerettet. Sie können für mich garantieren. Hier sind ihre Namen und Telefonnummern.« Er zog ein Papier aus der Tasche. Dražen führte ihn beiseite, gab ihm eine Zigarette und ein Glas Orangensaft. Der Mann setzte sich und zündete die Zigarette an. Seine Hände zitterten, als er Dražen das Papier reichte. »Hier sind die Namen und die Telefonnummern, ihr könnt das alles überprüfen. Ich sage die Wahrheit.« Aber Dražen wußte, daß ihn die Soldaten nicht am Leben lassen würden, denn er hätte Zeugnis über die Exekutionen ablegen können, was zu vermeiden war. Warum nahm er ihn dann beiseite? Dražen war beeindruckt, weil dieser Mann nicht so stillschweigend wie die anderen den eigenen Tod akzeptierte. Er wirkte aufrichtig und tapfer, und Dražen wollte sein Leben verlängern, so weit er konnte. Der Mann schien keine Hoffnung zu haben. »Wir haben alle zusammen gelebt, Muslime, Serben, Kroaten«, sagte er. »Was ist uns einfachen Menschen geschehen?

Warum haben wir das zugelassen?« »Ja, wirklich, was ist uns geschehen?« sagte Dražen. »Wenn mir das nur jemand erklären könnte. Ich weiß nicht mehr als du. Ich bin ein Halbkroate, meine Frau ist Serbin.«

Dražen begriff, daß er und dieser Mann etwas gemeinsam hatten: die Toleranz gegenüber anderen Nationalitäten. »Aber wie kannst du das hier tun?« fragte der Mann, als er seinen letzten Zug inhalierte. Dražen konnte ihm nur sagen, daß er selbst keine Wahl gehabt hatte. Es war dumm, das zu einem Mann zu sagen, der gleich sein Leben verlieren sollte, es klang verdammt dumm. Aber es war die Wahrheit. Dražen wußte, daß der Mann nur schuldig war, weil er die falsche Nationalität hatte.

Eine weitere Konversation war nicht möglich, denn Pero kam mit einem anderen Soldaten heran; sie führten den Mann einfach ab. Dražen sagte, nein, tut das nicht, mehr konnte er nicht tun. Halt's Maul, sagte Ivan. In einer Minute war alles vorbei und der Mann tot.

Es war später Nachmittag, und die Soldaten konnten kaum eine Pause machen. Anfangs hatte sich Dražen jede halbe Stunde unter einen Baum gesetzt und eine Zigarette geraucht. Das war eine Art Flucht gewesen. Doch jetzt mochte er nicht mehr rauchen. Seine Bewegungen wurden mechanisch. Er zielte auf jemandes Kopf und schoß, und ehe er sich den Schweiß von der Stirn wischen konnte, kniete schon der nächste Gefangene vor ihm. Das war ihm lieber, denn wurde die Pause zu lang, spürte er den Leichengestank. Im Sommer beginnen sich Leichen fast sofort zu zersetzen. Der Geruch erinnerte ihn an einen Metzgerladen. Seine Mutter hatte ihn manchmal zum Fleischkaufen geschickt, aber das hatte er stets zu vermeiden gesucht. Im Sommer hatte die Metzgerei einen unerträglichen Geruch, er ekelte sich vor den dicken grünen Fliegen, die sich auf dem Fleisch niederließen und ihre Eier ablegten. Der Metzger amüsierte sich damit, die Fliegen zu fangen und in ein Glas mit Wasser zu tun. Dražen floh vor dem Gestank nach Hause. Was hast du für ein feines Näschen, hänselte ihn die Mutter. Jetzt wehte dieser Gestank vom Feld herüber, und er sah dieselben grünen Fliegen auf den frischen Leichen.

Ivan bemerkte, daß Dražen blaß wurde. Er bot ihm Schnaps an, hausgebrannten Sliwowitz. Nach ein paar Schlucken wurde ihm besser. Der Alkohol wirkte besänftigend, und er schoß eine Zeitlang weiter, ohne nachzudenken. Während er noch einen langen Schluck nahm, beobachtete Dražen aus dem Augenwinkel, wie aus einem der Busse ein kleiner Junge stieg. Er trug keine Augenbinde, und Dražen konnte sein Gesicht sehen, obwohl er sich geschworen hatte, nicht mehr auf die Gesichter der Gefangenen zu achten; das erschwerte ihm die Arbeit. Der Junge mochte fünfzehn sein, vielleicht auch jünger. Er war nackt bis zur Gürtellinie und seine bleiche Haut der Sonne ausgesetzt. Er musterte die Soldaten und dann die Toten auf dem Feld. Seine Augen wurden immer größer, als könnte er all das nicht aufnehmen. Er ist doch erst ein Junge, murmelte Dražen mehr für sich und war bemüht, nicht hinter ihn zu stehen zu kommen. Als die Gefangenen vor dem Trupp niederknieten, hörte Dražen noch vor dem Schießbefehl die Stimme des Jungen. »Mama«, flüsterte er, »Mama!« An diesem Tag war Dražen Zeuge geworden, wie Männer um ihr Leben flehten, wie Kinder weinten, den Soldaten Geld, Autos, sogar Häuser versprachen. Viele fluchten, einige schluchzten. Doch dieser Junge rief nach seiner Mutter, wie Kinder es tun, wenn sie aus einem bösen Traum erwachen und Trost suchen. Obwohl der Junge eine Minute später tot war, glaubte Dražen, noch immer seine Stimme zu hören. Ich halluziniere, dachte Dražen. Zum zweiten Mal an diesem Tag wurde ihm so übel, daß er zu den Büschen rennen und sich übergeben mußte. Er brachte nur eine gelbliche, nach Alkohol riechende Flüssigkeit heraus.

Noch war kein neuer Bus eingetroffen, und er lehnte sich an einen Baum. Er war erschöpft. Seit zehn Uhr morgens war er in der Sonne gestanden und hatte geschossen, bemüht, die Gefangenen nicht anzusehen, nicht über sie nachzudenken, nichts zu empfinden. Jetzt war er abgestumpft, sein Körper wie aus Holz. Er kam sich vor wie eine Marionette, die nur den Arm heben und schießen konnte, wieder und wieder. Er saß da und starrte in die Ferne, hörte jemand ächzen, dann knallte ein einzelner Schuß. Dražen wandte sich nicht um, wollte nichts mehr sehen, hatte genug vom Töten. Wie viele Busse würden noch kommen? Nach drei Uhr nachmittags war alles vorüber. Gojković gab bekannt, daß keine Gefangenen mehr da waren, und die Soldaten stiegen eilig in ihren eigenen Bus.

Die Sonne stand hoch am Himmel, und der Gestank war unerträglich. Dražen konnte es kaum erwarten, diesen Schreckensort zu verlassen. Wieder wünschte er sich, ins Wasser zu springen oder wenigstens zu duschen und den Todesgeruch von sich abzuspülen. Oder sich wenigstens die Hände zu waschen. Er betrachtete sie aufmerksam. Sie waren nicht blutig, nur am rechten Zeigefinger war eine Schwiele. Eine rosige, runde Schwiele. Seltsam, dachte er, vom Töten Schwielen zu bekommen. Schätzungsweise hatte er etwa siebzig Mal geschossen. Er hatte vielleicht siebzig Menschen getötet und davon eine Schwiele bekommen. Plötzlich kam ihm das so komisch vor, daß er kurz und hysterisch auflachte.

Endlich verließen sie Branjevo. Das Feld am Gebäude war von Leichen bedeckt. Wer würde sie begraben? Und wo? Dražen wandte den Kopf ab. Das war nicht mehr seine Angelegenheit. Er hatte das Seinige getan, für ihn war es vorbei. Zum ersten Mal an diesem Tag atmete er tief durch.

Doch es war nicht vorbei. Noch nicht.

Als sie im benachbarten Pilice ankamen, teilte ihnen der Kommandeur mit, daß fünfhundert Männer im Kulturhaus auf ihre Exekution warteten. Diesmal war es einfacher, nein zu sagen, denn Dražen war nicht der einzige. Sie alle waren müde vom Töten und weigerten sich, weiterzumachen.

In Pilice gab es ausgeruhte Soldaten, die sich freiwillig für die Aufgabe meldeten, was dem Kommandeur nur recht sein konnte. Dražen saß in einem Lokal gegenüber dem Kulturhaus und bestellte einen starken schwarzen Kaffee. Bevor seine Einheit angekommen war, hatten einige Gefangene einen Fluchtversuch unternommen, waren aber alle erschossen worden. Einige Soldaten waren noch dabei, die Toten nach Geld oder Schmuck zu durchsuchen. Dražen starrte sie an, er starrte nur und trank seinen übersüßten Kaffee.

Er wußte, daß er diesen Tag nie vergessen würde, daß er sein Fluch war: der Honigduft am Morgen, der blaue Himmel, das Geräusch des ersten Busses, jener dünne schnurrbärtige Mann, die uringetränkte Hose, der Leichengestank, das tiefrote Blut aus den Schußwunden, der Junge, der nach seiner Mutter rief. Er fühlte, daß dieser Tag sein Leben verändern würde, daß er es bereits veränderte. Ihm kamen die Tränen. Jungs weinen nicht, hatte sein Vater stets gesagt, wenn er mit blutigen Knien nach Hause kam. Aber wo war sein Vater jetzt? Wo waren sie alle – seine Eltern, seine Frau, seine Freunde? Dražen war nie so einsam gewesen, allein mit den 1200 Toten, die ihn verfolgen würden, wohin er auch ging.

9. Die Bestie im Käfig

Im Fall von Slobodan Milošević, dem Ex-Präsidenten Serbiens und Jugoslawiens, wird erstmals ein ehemaliges Staatsoberhaupt wegen Verbrechen während der Amtszeit gerichtlich verfolgt. Zur Last gelegt werden ihm unter anderem Völkermord während des Krieges in Bosnien sowie Verbrechen gegen die Menschlichkeit während der Kriege in Kroatien und im Kosovo. Obwohl er wahrscheinlich niemanden selbst umgebracht hat, trägt er die Schuld an einer Politik, die mehr als 200 000 Todesopfer zur Folge hatte. Vor dem Tribunal verteidigt er sich selbst.

Nur eine Glaswand trennte mich von Slobodan Milošević im Den Haager Gerichtssaal, und das konnte ich fast nicht glauben. Es war ein sehr seltsames Gefühl, da zu sitzen und diesen Mann zu beobachten, der in vielleicht sechs oder sieben Metern Entfernung auf einem Stuhl, zwischen zwei großen holländischen Polizisten Platz genommen hatte. Ich konnte sein Mienenspiel und seine Körpersprache und sogar Details seiner Kleidung in Augenschein nehmen. Er trug einen dunkelblauen Blazer, ein hellblaues Hemd und eine Krawatte in den Farben der serbischen Staatsflagge. Sein Haar war völlig grau, fast weiß, seine Haut teigig blaß. Er war sichtlich lange nicht an der Sonne gewesen.

Bei seinem Anblick war ich überrascht. Ich kann nicht sagen, daß ich triumphierte, ihn auf der Anklagebank zu sehen. Es stimmt, ich war erleichtert, aber auch sehr verwirrt. Das machte mich ärgerlich. Ich hatte das Privileg, den Prozeß gegen den »Schlächter des Balkans« zu beobachten, das Symbol alles Bösen in meinem Leben, den Mann, der mein Land in Brand gesteckt hatte – dennoch war es seltsam, ihn im Gerichtssaal zu sehen.

Ich fühlte mich unbehaglich. Bald fand ich heraus, was mich störte. Ich hätte ihn mir nie in einem Gerichtssaal vorstellen können. Als er zum Kriegsverbrecher erklärt wurde, hätte niemand gedacht, daß er einmal in Den Haag vor seinen Richtern sitzen würde. Darauf zu hoffen war eher Science-fiction als Wirklichkeit. Als Milošević am 5. Oktober 2000 die Wahlen verlor und verhaftet wurde, gab es viel Gerede um eine Auslieferung. Der neue serbische Präsident jedoch wies jeden Gedanken daran von sich. Drei Monate später war die neue Regierung unter ökonomischem Druck zur Auslieferung bereit. Der Preis betrug exakt 1,3 Milliarden US-Dollar. Milošević wurde nach Den Haag ausgeflogen. Das war keine Science-fiction mehr.

Aber warum konnte ich an so eine Entwicklung nicht glauben? Warum dachte ich nicht darüber nach? Serbien war für mich kein Rechtsstaat, schon gar nicht im Fall Milošević. Schließlich war er zehn Jahre lang Präsident von Serbien und Jugoslawien gewesen und hatte sich verhalten, als wäre er das Recht.

Doch ich wußte, daß es mehr gab als diese simple Erklärung für meine Überraschung, ihn hier zu sehen. Ich erinnere mich – wie könnte ich es vergessen –, daß ich die Nachricht in meiner Küche in Wien hörte. Es war am Morgen des 1. April 2001, und ich machte mir gerade meinen ersten Espresso. Das Radio lief wie üblich als Geräuschkulisse. Dann kamen die Nachrichten, etwas über Milošević. Ich drehte lauter, erwartete mehr Informationen, denn er war damals in seiner Residenz in Dedinje von Polizei umzingelt, und man suchte eine Lösung. In dem gewalttätigen Nachkriegs-Serbien (und im Hinblick auf Milošević' Familiengeschichte) schien alles möglich: daß Milošević auf die Polizisten oder diese auf ihn schossen oder er Hand an sich legte. »Gestern abend hat sich Slobodan Milošević der Polizei ergeben und befindet sich jetzt im Belgrader Zentralgefängnis«, sagte der Radiosprecher. Sich ergeben? Ich stand ungläubig in meiner Küche. War das wirklich wahr? Wie war es möglich? An diesem Morgen war der Kaffee vergessen.

Fast drei Monate später, am 26. Juni, geriet ich in dieselbe Situation. Obwohl die Weltpresse ausführlich darüber berichtete, war ich psychisch nicht auf den Moment vorbereitet, als Christiane Amanpour von CNN vor dem Gefängnis in Scheveningen erschien und ankündigte, Slobodan Milošević werde in wenigen Augenblicken landen. Ich starrte auf den Bildschirm, als hätte ich einen Geist gesehen. Und jetzt war ich hier im Gerichtssaal, sah ihn mit eigenen Augen und war verwirrt. Zugleich war ich deshalb ärgerlich auf mich. Warum zum Teufel diese Konfusion? An diesem Mann im Gerichtssaal war etwas, das nicht zu meinen Erinnerungen paßte, zu jenem Irrationalen in mir. Rational gesprochen, war ich natürlich froh, daß ihm der Prozeß gemacht wurde. Daß er endlich vor dem Antlitz der Justiz stand. Aber es war nicht so einfach. Bei seinem Anblick fiel mir der Personenkult ein, mit dem ich aufgewachsen war. Ich sah mein ganzes Leben im sozialistischen Jugoslawien, nun, da ich es am wenigsten erwartete.

Plötzlich stand ein Bild aus meiner Kindheit vor mir. Wir lebten damals in einer kleinen Stadt an der Adria. Es war ein Feiertag im Mai 1954, entweder der erste oder vielleicht der 25., Titos Geburtstag und Tag der Jugend. Mein Vater und ich schmückten das Fenster, in dessen Rahmen ein Nagel steckte, um Titos gerahmtes Foto anzubringen. Mir kam dieses Bild mit seinen vierzig mal dreißig Zentimetern riesig vor; denn ich war noch sehr klein. Es zeigte Tito in einer schneeweißen Marschalluniform. Oder war es die Uniform eines Admirals? Damals gab es keine Farbfotos, jedenfalls nicht in Jugoslawien; sie wurden von Hand koloriert. In seinem Wunsch, Tito zu verschönern, hatte sich der Fotograf offensichtlich verrannt. Titos Augen waren zu blau, seine Wangen zu rosig und seine Lippen zu rot. Als das Porträt hing, reichte ich meinem Vater einige Efeuranken. Er plazierte sie unter dem Foto an zwei seitlich angebrachten Nägeln. Noch ein paar rote Nelken, und die Dekoration war fertig. Dann gingen wir auf die Straße, um alles von draußen zu begutachten. Schön, nicht wahr? fragte mein Vater. Ich nickte. Durch das offene Fenster hörten wir die Musik aus unserem Radio. Die fröhlichen Märsche hoben die festliche Stimmung meines Vaters. Ich konnte riechen, daß meine Mutter Kuchen backte, und das machte unsere kleine Zeremonie noch sympathischer.

Ich war erst fünf und sehr stolz, weil ich meinem Vater bei dieser wichtigen Aufgabe helfen durfte. Unser Fenster war als einziges im ganzen Haus derart dekoriert. Denn mein Vater war Offizier und Kommandant der lokalen Garnison. Titos blumengeschmücktes Porträt erinnerte mich an etwas, was ich schon vorher gesehen hatte, aber meinem Vater nicht verraten durfte. Es war ein Geheimnis. Meine Großmutter nahm mich manchmal in die Kirche mit, wo mich der Duft der weißen Lilien etwas störte; dennoch war ich fasziniert. Ich sah Bilder und Statuen von Jesus, der Muttergottes und verschiedener Heiliger, und auch sie waren mit Blumen geschmückt. Das Bild an unserem Fenster glich ihnen, und ich dachte, daß Tito ein Heiliger aus der Kirche meines Vaters war.

Später in der Schule fuhr ich fort, Tito zu feiern: Ich schrieb Aufsätze über ihn, beteiligte mich an seinen Geburtstagsfeiern und an der Stafette zu seinen Ehren, rezitierte Gedichte. In unserer Klasse hing sein Porträt in der schneeweißen Uniform über der Wandtafel, und wir schmückten es an jedem Staatsfeiertag wie zu Hause. Als Kind hielt ich das für normal, denn alle anderen taten es auch.

Jahre vergingen, ehe ich begriff, daß wir mit einem Personenkult aufgewachsen waren. Aber was das wirklich bedeutete, wurde mir erst bei Titos Tod im Jahr 1980 klar. Wie mir ein Arzt aus dem Behandlungsteam in Ljubljana erzählte, wollte Tito nicht wahrhaben, daß er starb. Sein Bein war bereits amputiert, die Nieren hatten versagt, doch Tito schmiedete Zukunftspläne. Kann es sein, daß jemand, der unbeschränkte Macht genießt, an die eigene Unsterblichkeit glaubt? Tito war über dreißig Jahre an der Macht gewesen. Es schien wirklich, als sollte er ewig präsent sein.

Sie möchten glauben, daß die Menschen in Jugoslawien glücklich waren, ihren Diktator los zu sein – was Tito zweifellos war. Doch sie waren nicht glücklich, sondern überrascht und betroffen. Ich erinnere mich, daß Männer wie Frauen noch Tage nach seinem Tod weinend durch die Straßen gingen wie verlorene Kinder. Sein Tod wirkte wie eine Naturkatastrophe – ein Erdbeben oder ein Hochwasser. Man empfand einen schrecklichen Verlust, Angst vor der Zukunft, Verzweiflung ... Zehn Jahre später stillte Slobodan Milošević diesen emotionalen Hunger. Die Menschen brauchten jemanden, der sich um sie kümmerte. Das verwaiste Volk sehnte sich nach einem neuen Vater. Der Sturz des Kommunismus machte die Menschen noch verlorener, unsicherer und ängstlicher, als wären sie nicht reif genug, ein selbständiges Leben zu beginnen. Es gab kein anderes Modell einer politischen Führung außer dem titoistischen.

Slobodan Milošević gelangte an die Macht, indem er rücksichtslos alle Hindernisse aus seinem Weg räumte. Aber an den Kommunismus glaubte er nicht. 1987 hielt er im Kosovo seine heute schon berüchtigte, an die dortigen Serben gerichtete Rede. Sein Ausspruch: »Niemand darf euch schlagen!« machte ihn unerwartet zum Nationalhelden. Er schürte in seinen Reden den serbischen Nationalismus, aber nicht, weil er einen Krieg wollte. Höchstwahrscheinlich glaubte er, die Macht des Nationalismus kontrollieren und ihn zu seinen Gunsten ummünzen zu können. Sein Paradox ist, daß er weder Kommunist noch Nationalist war, sondern ein Opportunist, der jegliche Ideologie nutzte, um selbst an der Macht zu bleiben. Er ist am ehesten ein Opportunist. Falls Nationalismus zur Macht verhalf – okay.

Milošević war kein gläubiger, messianistischer Führertyp wie Franjo Tudjman; er war ein geschickter

Demagoge, der auf den Wellen des Nationalismus schwamm. Seine Reden waren ohne Feuer, Überzeugung oder Glauben. Die wichtigste Rolle in seiner Karriere scheint der Zufall gespielt zu haben. Und nun steht er hier vor Gericht, ein Halbgott nach dreizehn Jahren der Unberührbarkeit.

Ich hatte nicht erwartet, daß er sich der Belgrader Polizei stellen würde, das hatte niemand erwartet. Ich dachte, es würde ein gewaltsames Ende nehmen, so ähnlich wie bei Elena und Nicolae Ceauşescu in Rumänien. Ein Standgericht und eine rasche Exekution schienen denkbar. Ich erinnere mich genau an die letzte Rede von Nicolae Ceauşescu wenige Tage vor seiner Hinrichtung im Dezember 1989. Er stand auf dem Balkon des Zentralkomitees der Rumänischen Kommunistischen Partei und sprach zu einer riesigen Masse. Plötzlich hörte er ein seltsames Geräusch, wie er es während seiner Reden nicht gewohnt war. Statt Beifall hörte er Protestrufe. Man sah ihm an, daß er nicht begriff, was er hörte. Er war völlig überrascht. Sein geliebtes Volk! Seine Kinder! Wie konnten sie ihm das antun? Ich konnte mir vorstellen, was Milošević in den letzten Augenblicken empfand, als er in seinem Belgrader Haus von der eigenen Polizei umzingelt war. Es mußte ihn auch erstaunt haben, daß nicht Hunderttausende herbeigeeilt waren, um ihn, den geliebten Führer, zu verteidigen. Doch niemand kam. Das Volk verriet ihn, wie es eben mit Diktatoren geschieht.

Wären Slobodan Milošević und seine Ehefrau in einem Gewaltakt geendet wie die Ceauşescus, hätte dies das logische, blutige Ende einer blutigen Herrschaft bedeutet. Seine Opfer hätten ihre Rache und seine Anhänger ihren Märtyrer gehabt. Alle wären zufrieden gewesen. Andererseits wäre auch ein Selbstmord kein schlechtes Ende gewesen. Über die Suizide seiner Eltern war viel geschrieben worden, und die Erwartung schien nicht irreal, daß auch er selbst auf diese Weise Schluß mit seinem Leben machte. Doch für einen solchen Entschluß muß man mutig sein und Sinn für Dramatik haben. Ein Selbstmord wäre ein majestätischer, pathetischer Abgang von dieser Welt gewesen – er hätte der Welt gezeigt, daß er sich seinen Feinden nicht in die Hände geben wollte. So hätte er sich einen Platz in der serbischen Geschichte gesichert, Seite an Seite mit Fürst Lazar aus den Legenden über die Schlacht gegen die Türken auf dem Amselfeld. Sein Tod wäre eine Katharsis für das serbische Volk gewesen.

Doch Milošević ist offenbar eher bürokratisch als eine dramatische Persönlichkeit. Für dramatische Gesten ist er zu klein, zu gewöhnlich. Eine Erklärung dafür, warum die Serben sich nach seiner Verhaftung so schnell von ihm abwandten, ist die Enttäuschung, weil er sich hat festnehmen lassen. Er war nicht der Held, für den sie ihn gehalten und den sie »Freiheit« genannt hatten. Auf einmal zeigte sich, daß er wie jeder normale Mensch Angst um sein Leben hatte. Für jene, die an ihn geglaubt hatten, mußte es demütigend sein, zu sehen, daß er sich wie ein kleiner Dieb ergab. Er ist also einer von uns? Dabei haben wir ihn angebetet wie einen Gott. Die Menschen waren nicht bereit, ihm zu verzeihen.

Er war in Serbien wirklich beliebt gewesen. Dreimal gewann er demokratische Wahlen, zweimal als Präsident Jugoslawiens und einmal als Präsident Serbiens.

Er regierte das Land wie ein Monarch, als gäbe es kein Parlament, keinen Premierminister und keine demokratischen Strukturen. Der einzige Mensch, von dem er sich beraten ließ, war seine Ehefrau Mira Marković. Die Leute in Serbien spotteten, ihr Land habe zwei Regenten. Marković wurde gehaßt wegen ihres Einflusses auf ihn, doch er schützte sie. Ihre ausschließliche Liebe füreinander machte sie zu einem autistischen Paar, das sich immer weiter von der Realität entfernte.

Im Gerichtssaal versuchte Slobodan Milošević, sein Versagen zu kompensieren. Anfangs war das eindrucksvoll: Er saß den Richtern allein ohne Anwalt gegenüber, bemühte sich, direkt in die Kameras zu blicken, keine Angst und kein Unbehagen zu zeigen. Er sprach nicht perfekt, aber fließend Englisch, was ein großer Vorteil war. Er war gefaßt und konzentriert, gebärdete sich als tapferes Individuum in einem ungerechten Kampf. Er gewann sogar einige Sympathien beim Publikum, als ihm der Richter das Wort entzog. Politische Reden waren schließlich seine Stärke. Einmal fuhr ihn ein Richter an: »Herr Milošević, halten Sie bitte den Mund!«, als wäre er ein Kind und nicht ein Mann mit der Aura eines selbstbewußten Politikers. Allmählich schien er die Nerven zu verlieren. Er wurde den Richtern gegenüber laut und beleidigte sie wie ein aufgebrachter Jugendlicher.

Er negierte das Tribunal und die Anklagen nicht nur als »falsch«, sondern leugnete jegliche Schuld. In Anspielung auf das Dayton-Abkommen von 1995 behauptete er, Bosnien nicht den Krieg, sondern den Frieden gebracht zu haben. Wie weit seine Verkennung der Realität ging, zeigt seine kurze Fernsehansprache von 1999 nach der Unterzeichnung der Kapitulation am Ende der NATO-Bombenangriffe: Er gratulierte den Serben zum Sieg. Wie in Orwells »1984« wurden in Milošević' Serbien Lügen zur Wahrheit, der Krieg zu Frieden und die Niederlage zum Sieg.

Seit seinem ersten Auftritt vor dem Tribunal trieb Milošević sein Spielchen mit den Richtern. Er wandte nicht ihnen den Blick zu – als ginge ihn das Verfahren gar nichts an –, sondern suchte im Publikum nach bekannten Gesichtern. Einmal erschien auf seinem sonst verächtlichen Gesicht so etwas wie ein Lächeln. Doch das war nur Pose. Wie ein gejagtes Tier wartete er auf einen Angriff aus dem Hinterhalt. Aber wenn er das Wort bekam, redete er mit großer Energie.

Er schauspielerte, so würde ich seine Auftritte beschreiben. Und Milošević ist ein guter Schauspieler. Die Atmosphäre im Gerichtssaal veränderte sich jedesmal, sobald er zu reden begann, und es war offensichtlich, daß er die Vorstellung beherrschte. Von Anfang an hatte er nicht die Absicht, sich zu verteidigen, sondern politische Reden zu halten. Seine wichtigste Entscheidung war vielleicht, keinen Anwalt zu nehmen. Seine Ehefrau Mira Marković erklärte in einem Interview: »Da sich mein Mann nicht als schuldig betrachtet, wird er sich nicht verteidigen. Er wird nur reden.« Ein logischer Entschluß, denn niemand braucht einen Anwalt, um politische Referate zu halten. Ein Anwalt würde sich nicht mit Politik, nur mit Tatsachen befassen. Milošević andererseits interessiert sich weder für das Gesetz – die Legitimität oder Illegitimität des Tribunals – noch für Tatsachen, sondern nur für die Propagierung seiner politischen Ziele. Er hätte sich durch Schweigen verteidigen können. Ihm jedoch geht es nicht um die eigene Rettung oder um eine Reduzierung der Strafe.

Milošević' Strategie war sofort klar: Er war nicht hier, damit man über ihn richte, sondern damit er über andere richte. Sein Auftreten hätte zwei Hauptziele. Erstens, daß der Prozeß ein Scheingefecht sei. Bei einer Vernehmung sagte er den Richtern, sie könnten ihn ruhig vorab verurteilen. Sein zweites Ziel war die Verkündung seiner eigenen »Wahrheit« – daß er und sein Land Opfer einer Verschwörung seien. Er will, daß man sich an ihn als einen Mann erinnert, der sein Land verteidigte.

Sobald er Gelegenheit hatte, vor CNN und anderen Medien zu sprechen, schleuderte er ihnen seine »Wahrheit« ins Gesicht; und sagte der ganzen Welt, was er von dem Tribunal hielt. Dies sei natürlich ein politischer Prozeß und der Gerichtshof eine illegale Institution. Weiterhin, dies sei ein Anschlag der mächtigsten Staaten auf ein kleines, unabhängiges Balkanland. Die westlichen Politiker, die noch gestern Verträge mit ihm geschlossen hatten, seien Heuchler. Damals war er für sie kein Kriegsverbrecher, sondern ein »Faktor der Stabilität« gewesen. Aber als er sich ihren Forderungen und Wünschen nicht unterwarf, hatten sie sein Land bombardiert und ihn zum Kriegsverbrecher erklärt.

Das wiederholte er bei jeder passenden Gelegenheit; er sah sich als Kämpfer für Freiheit und Unabhängigkeit gegen den internationalen Terrorismus. Er sah sich als ein Nelson Mandela oder, was näher liegt, als ein Josip Broz Tito. Als Tito wegen seiner illegalen kommunistischen Aktivitäten im damaligen Königreich Jugoslawien der Prozeß gemacht wurde, hatte er gesagt: »Ich erkenne nur das Gericht meiner eigenen

Partei an.« Indem er Titos Haltung nachahmte – okay, ihr habt mich, ich bin euer Gefangener, doch das bedeutet nicht, daß ich euch respektieren oder mich unterwerfen werde –, benimmt sich Milošević wie der Chef einer verbotenen kommunistischen Partei in den dreißiger Jahren.

In Den Haag versuchte Milošević das, worin die Serben immer gut waren: sich selbst als Opfer von historischen Ereignissen, Mißverständnissen und fremden Untaten hinzustellen.

Zugleich sind die Auftritte im Gerichtssaal für ihn eine einmalige Chance, seine wichtigste psychologische Eigenschaft zu demonstrieren: die Fähigkeit, sich jeder Situation anzupassen und sie zu seinem Vorteil auszunutzen. Dabei sind die Medien extrem wichtig. Der Gerichtssaal ist eine internationale Bühne, und hier konnte er angesichts der Medien seine Rolle spielen. Er weiß um ihre Bedeutung. Als er 1987 die Macht übernahm, entließ er augenblicklich die Chefs aller großen Zeitungen, Fernseh- und Rundfunksender. Das war ein Coup, nach dem die Medien unter strenger Kontrolle standen und sein wichtigstes Instrument zum Machterhalt wurden.

Milošević braucht Publikum. Er braucht es zu Hause, wo er meint, noch große Massen ansprechen zu können, obwohl ihn die meisten Serben fast vergessen haben. Als gestählter Politiker hat er sich James Bonds Credo angeeignet: »Sag niemals nie.« Angesichts der unsicheren politischen Situation in Serbien wie in der Welt hofft er noch auf eine Chance, an die Macht zurückzukehren. Daß er im Gefängnis sitzt, stört seine Absichten nicht. Die Situation kann sich schnell ändern, wie wir aus vielen James-Bond-Filmen wissen.

Das Publikum im Ausland braucht er noch mehr. Solange er im Zentrum der Aufmerksamkeit steht, hat er Gelegenheit, seine Sicht der Geschichte darzulegen, und das ist beim Prozeß seine Hauptaufgabe. Dafür muß er die Menschen überzeugen, daß schwarz weiß ist, und deshalb braucht er Zugang zu den Medien. Nicht um wirkliche Tatsachen zu beweisen, sondern um wie eh und je die Geschichte umzudeuten.

Je länger ich ihn hier im Gerichtssaal beobachte, je vertrauter ich mit seinen Gesten werde – seinen durchs Publikum wandernden Blicken, seinen Grimassen –, desto mehr wird mir bewußt, daß ich über diesen Mann nichts weiß. Er ist nicht nur einer der größten Schurken des zwanzigsten Jahrhunderts, sondern hat auch mein Leben verändert. Was verbirgt sich hinter seiner aggressiven Haltung, seinem bleichen Gesicht und dem Schwall seiner Worte? Wer ist der Mensch hinter dem Schauspieler, dem Politiker? Interessanterweise wollte ich nie wissen, was sich hinter Titos öffentlichem Gesicht verbarg; was wir sahen, genügte mir. Milošević ist eine sehr private Person, aber das paßt zum autokratischen Modell – Tito wie Stalin machten Geheimnisse um ihr Privatleben.

Viel ist über Milošević geschrieben worden, doch meist über seine politische Karriere und seine Rolle im Krieg. Darüber hinaus ist bekannt, daß seine beiden Eltern durch Selbsttötung starben, daß er seine Ehefrau früh kennenlernte, zwei Kinder, aber nur wenige Freunde hat und daß er sehr an seiner Familie hängt. Viel mehr ist nicht bekannt, sicherlich nicht genug, um zu begreifen, was ihn antreibt. Er scheint nur eine öffentliche Persönlichkeit zu besitzen.

Auf der Suche nach Aufklärung las ich vier Biographien über Milošević und das Tagebuch seiner Ehefrau Mira Marković. Immer in der Hoffnung, etwas über die Motive dieses Mannes zu erfahren. Doch jede neue Biographie steigerte meine Enttäuschung. Die Bücher von Duško Doder, Florence Hartman, Slavoljub Djukić und Vidosav Stevanvić konzentrierten sich nur auf einen oder zwei Aspekte – der Weg zur Präsidentschaft und/oder seine Rolle im Krieg. Mit anderen Worten, auf Milošević' politische Biographie. Was da an die Oberfläche kommt, ist stets ein grober, gnadenloser Parteibürokrat und Opportunist.

Was diesen Biographien fehlt, ist das private Gesicht von Slobodan Milošević, so als wären die Autoren nur fähig, die Oberfläche, aber nicht das Wesen dieses Mannes zu erfassen. Diese vier Biographien sind einander auch darin ähnlich, daß sie keine Details über sein Verhalten jenseits der Öffentlichkeit bieten, über seine Beziehungen zu anderen Menschen, seinen Mitarbeitern, seinen Freunden, seiner Frau und seinen Kindern – irgend etwas, das eine Vorstellung von seiner Persönlichkeit vermittelt.

Wir als Publikum haben die Illusion, daß Menschen wie Milošević, wichtige Personen in der Politik, selbst wenn sie Schurken sind, in ihrem Privatleben interessant sein müssen. Wir möchten wissen, warum sie so agieren, wie sie agieren, und wir glauben, in ihren Biographien die Motive finden zu können.

Wenn jedoch erfahrene Journalisten und Schriftsteller denselben »Fehler« wiederholen, daß sie bei Milošević keine andere Dimension finden, dann fragt man sich, ob das überhaupt ein »Fehler« ist? Vielleicht gibt es da nichts zu beschreiben.

Was Milošević am meisten entlarvt, sind wohl seine eigenen Worte. Das Zagreber Wochenblatt *Globus* publizierte im Frühjahr 2002 eine Serie von Mitschnitten seiner zwischen 1993 und 1995 in Karadjordjevo geführten Gespräche: mit dem Präsidenten der Republik Serbien, Milan Milutinović, mit Milošević' Bruder Bora, damals Botschafter in Rußland, und mit anderen Familienangehörigen. Zwei Dinge fallen sofort ins Auge. Erstens gibt er dem Präsidenten direkte Befehle, er ruft den Chefredakteur der führenden serbischen Tageszeitung, *Politika*, an und diktiert ihm, was und wie er zu schreiben habe. Das verrät dem Leser seinen *modus operandi*. Was zweitens auffällt, ist die fürchterliche Vulgarität seiner Sprache. Jedes zweite Wort ist ein Fluch.

Den größten Teil der Mitschnitte stellen seine Unterhaltungen mit Frau und Kindern dar. Tochter Marija und Sohn Marko sind typische Kinder mächtiger Eltern. Marko wurde bekannt durch seine Kontakte zu Gangstern und die undurchsichtigen Geschäfte, an denen er sich bereicherte, und Marija durch ihre Vorliebe für Pistolen und ihre Beziehungen zu den eigenen Leibwächtern.

Interessanterweise nennt Milošević seine Frau noch immer »Kätzchen«, und sie ihn »Hündchen«; er verweigert seinem Sohn eine plastische Operation der Ohren, denn er sei doch »schön wie Papa«, während ihm der Freund der Tochter auf die Nerven geht. Wichtiger jedoch scheint mir, daß die Tonbandaufzeichnungen dasselbe Bild von Milošević vermitteln wie die vier Biographen. Er ist privat ohne Bedeutung, und das ist es. Nur Banalität, Vulgarität und Leere. Er hat weder Eleganz noch Stil, äußert keinen Gedanken, der die

Neugier des Publikums wecken könnte. Alles in allem erscheint Milošević als ein Langweiler, umgeben von lasterhaften Kindern und einer machtgierigen Ehefrau. Kurz – das, was nur sein *Image* scheint, ist er wirklich. Während er in der Geschichte die tragende Rolle eines Schurken spielt, ist er dennoch nur ein Zwerg. Ein kleiner, zorniger, autistischer Mann. Verlassen von seinen Anhängern, hinter Gittern.

Eine Episode aus dem Gerichtssaal umreißt seinen Charakter am besten. Am Ende eines Kreuzverhörs fragte er den Zeugen der Anklage Nikola Samardžić, ob er das Sprichwort »Lügen haben kurze Beine« kenne. Publikum und Richter waren entsetzt. Es trat eine unbehagliche Stille ein, als könnten die Menschen nicht glauben, was Milošević gesagt hatte. Jeder hier, auch Milošević, wußte, daß der Zeuge Samardžić tatsächlich kurze Beine hatte. Nicht weil er ein Lügner war, sondern weil sie ihm infolge von Diabetes amputiert worden waren. Tag für Tag schleppte er sich am Stock in den Gerichtssaal. Doch das bedeutete Milošević nichts. Er konnte sich seinen grausamen Scherz nicht verkneifen. Nicht weil er schlechten Geschmack hatte. Der Grund liegt viel tiefer. Das Leiden anderer bedeutet für Milošević nichts. Er ist zu keiner Empathie fähig. Bei seinem Anblick begriff ich erstmals die Definition des Bösen, die ich vor langer Zeit gelesen hatte: Das Böse ist die Abwesenheit von Mitgefühl.

Als ich ihn zum letzten Mal im Gerichtssaal sah, war er sehr nervös. Wütend. Er schaukelte vor und zurück. Zog das Sakko aus. Schnitt Grimassen. Versuchte zu reden, wurde aber vom Richter zum Schweigen gebracht. Er sprach nicht mehr englisch, nur noch serbisch, vielleicht war er schon zu frustriert, um sich wichtig zu machen. Anfangs hatte ich mich wie ein Kind im Zoo gefühlt: Ich sah ein ehemals gefährliches wildes Tier nun in Gefangenschaft, befriedigt und doch unsicher, ungläubig, ihm greifbar nahe zu sein. Vielleicht begreift Milošević es noch nicht, aber er ist genau das, eine Bestie im Käfig. Ein Mensch, der niemanden umgebracht hat, aber dessen Politik schuld ist am Tod von mehr als 200 000 Menschen.

10. Schleifen und Bänder

Mirjana Mira Marković ist die Frau von Serbiens Langzeitpräsidenten Slobodan Milošević. Als Professorin für Soziologie an der Universität Belgrad war sie mehr als ein Jahrzehnt die mit Abstand einflußreichste Person in Milošević' Leben. Sie griff direkt in seine politischen Entscheidungen ein und bestimmte das Schicksal vieler Menschen. Nicht zuletzt deshalb war sie die am meisten gefürchtete Frau in Serbien, der man den Spitznamen »Lady Macbeth« gab. Obwohl sie sich selbst in erster Linie als Akademikerin, Intellektuelle und Schriftstellerin sah, hatte sie eigene politische Ambitionen und war Präsidentin der Partei der Jugoslawischen Vereinigten Linken (JUL). Im Februar 2003 floh sie nach Rußland, da sie von der serbischen Polizei gesucht wurde, die sie verdächtigte, am Verschwinden von Milošević' Kontrahenten Ivan Stambulić beteiligt gewesen zu sein. Dessen Leiche wurde am 28. März 2003 gefunden.

Jedesmal wenn ich Mira Marković im Fernsehen oder auf einem Foto sehe, habe ich das starke Bedürfnis, ihr zu sagen, daß ihre Frisur und ihre Kleidung hoffnungslos altmodisch sind und sie in dieser Hinsicht etwas unternehmen muß. Nicht daß ich eine Modesklavin bin, aber sie sieht aus, als wäre sie einem Schrank voller Mottenpulver entstiegen. Entweder weiß sie nicht, wie antiquiert sie wirkt, oder es ist ihr egal. Warum ist ihr Haar so schwarz, daß es eher wie ein Plastikhelm oder eine Perücke aussieht? Dieses Schwarz macht ihr Gesicht härter und die Falten tiefer. In jeder Frauenzeitschrift konnte sie lesen, daß dunkle Farben älter machen. Je älter eine Frau ist, desto mehr sollte sie ihr Haar aufhellen. Aber als Intellektuelle und Feministin liest sie solche oberflächlichen Journale vielleicht nicht. Umso schlimmer; sonst würde sie mit der Zeit Schritt halten.

Übrigens vermute ich, daß sie keine Ausnahme ist und so wie wir alle jünger aussehen möchte. Dann würde sie aber eine andere Frisur tragen und nicht diese Ponys. Ponys sind für junge Mädchen. Ich erinnere mich, daß wir uns in den späten fünfziger und frühen sechziger Jahren Ponys schneiden ließen. Damals gab es eine einzige Filmzeitschrift, *Filmski svijet* (Die Welt des Films), und das war unser Fenster zur Welt von Mode und Glamour. Wir sammelten die Bilder von Filmstars, tauschten sie untereinander aus und klebten sie in Alben. Viele Stars trugen damals Ponys, etwa Brigitte Bardot oder Audrey Hepburn. Aber am aufregendsten waren die von Elizabeth Taylor in ihrer Rolle als Kleopatra. Vielleicht hat Mira sie in Požarevac im Kino gesehen, oder sie hat auch *Filmski svijet* gelesen. Die Ponys müssen sie derart beeindruckt haben, daß sie sie für immer beibehalten hat. Bis heute trägt sie das Haar wie Kleopatra, das Problem ist nur, daß Mira nicht Elizabeth Taylor ist. Und Elizabeth Taylor trägt heute keine Ponys mehr.

Wo sonst konnte sich die junge Mira über Frisuren und Mode informieren? In jener Zeit hatten ganz wenige Menschen in meinem Land ein Fernsehgerät. Das

Programm war schwarzweiß, und man konnte nur ausländische Sender empfangen. Unsere Nachbarn hatten einen Fernseher, und samstags pflegten sich alle Anwohner in ihrer guten Stube zu versammeln, um italienische Unterhaltungssendungen zu sehen. Die waren spektakulär, mit eleganten Moderatoren und Tänzerinnen in Glitzerkleidern. Wir Mädchen und unsere Mütter waren bezaubert von all dem Glanz und übernahmen unsere Vorstellungen von Mode und Schönheit direkt vom Bildschirm. Der nächste Schritt war, der Schneiderin eine Beschreibung davon zu geben oder selbst zu nähen. Meine Mutter war darin perfekt, sie wendete Mäntel und fertigte Kindergarderobe aus abgetragenen Sachen der Erwachsenen. Oder sie machte aus einem einfachen Stück Stoff ein elegantes Abendkleid. Dank ihrer Geschicklichkeit und Phantasie war sie immer gut angezogen, obwohl damals noch keine Modeboutiquen existierten.

Nie kaufte sie sich etwas bei NAMA (Narodni Magazin), der ersten Warenhauskette in Jugoslawien. Ich erinnere mich an die NAMA in Rijeka, wohin ich gerne ging. Es war das größte Geschäft in der Stadt, voller interessanter Dinge.

Doch am meisten liebte ich die Schaufensterpuppen – Frauen, Männer und Kinder aus Gips mit aufgemalten Augen, Lippen und Haaren. Wie seltsame Skulpturen standen sie da, starr und regungslos, die im Rücken festgepinnte Kleidung hing traurig von ihnen herab.

Wenn ich Mira Marković ansehe, habe ich dasselbe Gefühl wie einst vor den Schaufenstern der alten NAMA. Obwohl sie nicht mager, sondern füllig ist, wirkt sie wie eine der dortigen Schaufensterpuppen: gekleidet in ein formloses dunkelblaues Kostümchen oder in eine weite, schlechtgeschnittene, kleingemusterte Bluse aus billigem Stoff. Als wäre es der einzige Zweck ihrer Garderobe, ihren nicht gerade attraktiven Körper zu verhüllen. Meine Tante trug solche Kleider, daran konnte man sie kilometerweit als alte Jungfer erkennen (mit 38 Jahren, aber das ist eine andere Geschichte). Sie trug auch orthopädische Schuhe, ein weiteres Merkmal für eine alte Jungfer. Meine Mutter hätte wegen ihrer Senkfüße wohl auch orthopädische Schuhe gebraucht, aber so etwas kam für sie nicht in Betracht. Im Gegenteil, sie trug Pumps mit extrem hohen Absätzen oder elegante Sandalen aus schwarzem Lackleder, wenn sie sie nur auftreiben konnte. Ich weiß nicht, was Mira an den Füßen hatte, aber im alten Jugoslawien war es schwer, gutes Schuhwerk zu finden. Ein oder zwei Mal im Jahr fuhr meine Mutter zum Schuhekaufen nach Triest und nahm mich mit. Die Pumps mußten ins Land zurückgeschmuggelt werden, also zog sie sie einfach an, das funktionierte immer.

Ich bin sicher, daß Mira nicht nach Triest fuhr. Es ist zu weit entfernt von Požarevac. Wahrscheinlich war sie auf die scheußlichen »Borovo«-Schuhe angewiesen, bevor sie First Lady wurde.

Jedenfalls zeigt ihr ganzer Stil, daß sie in einem sozialistischen Land aufgewachsen und noch immer an diese Moderichtung gewöhnt ist – die einer Nachkriegsgenossin. Außer den häßlichen NAMA-Kleidern ist sie durch völliges Fehlen von Fraulichkeit charakterisiert. Die Fraulichkeit dieser Damen, falls sie existierte (woran man bisweilen zweifeln könnte), wurde absichtlich nicht betont. Der Imperativ war, auszusehen wie ein Mann oder zumindest neutral. Die Botschaft war, daß Frauen verantwortungsvolle Jobs und Funktionen nur bekommen konnten, wenn sie nicht weiblich aussahen. Vielleicht hat Mira Marković unbewußt diesen Genossinnenstil übernommen. Oder sie meinte in falscher Auslegung des Feminismus, daß gleichberechtigte Frauen nicht mehr hübsch auszusehen brauchen.

Aber ich glaube nicht, daß dies bei ihr der Fall ist. Ein Detail entlarvt sie als nicht nur ausgesprochen weibliche, sondern auch kokette Frau. Natürlich bemüht sie sich um ihren Stil, bloß hat sie keinen Geschmack. Mira Marković trägt nämlich gern Schmuck im Haar – eine Plastikblume, ein Band, eine Schleife –, häufig in einer lebhafte Farbe als Kontrast zu ihrer langweiligen Kleidung. Diese Einzelheit ist zu ihrem Markenzeichen geworden. Ihre Schleife erinnert mich an meine Kindheit. Alle Frauen meiner Generation wurden als Babys mit einer Schleife im Haar fotografiert. Als ich klein war, gab es noch den Brauch des offiziellen Fotografierens. Mit etwa einem Jahr wurde das Kind zum Fotografen gebracht – kaum jemand hatte eine eigene Kamera –, entkleidet und bäuchlings auf ein Stück Fell oder eine Decke gelegt, so daß man nicht sehen konnte, ob es sich um einen Jungen oder ein Mädchen handelte. Das Baby stützte sich auf die Ellenbogen und hob den Kopf, meist unzufrieden mit dieser unbequemen Stellung. War es ein kleines Mädchen, bekam es von der Mutter eine Schleife ins Haar gebunden. Schleifen und Bänder waren in den späten Fünfzigern noch modern, als Mira sie vermutlich zu tragen begann. Auch ich war keine Ausnahme: Morgens vor der Schule kämmte mich meine Großmutter und flocht mir zwei lange Zöpfe, die in Schleifen endeten. Auch später trug ich Bänder im Haar, aber das war in den Sechzigern.

Warum trägt Mira Marković Blumen, Bänder und Schleifen wie ein Teenager? Es steckt eine Geschichte hinter der Plastikblume, die sie in den Neunzigern zu tragen begann. Mira wuchs ohne Mutter und Vater auf und wurde von den Großeltern mütterlicherseits erzogen. Die Mutter wurde getötet, als das Kind erst acht Monate alt war. Ihr Leben lang war Mira stigmatisiert durch das Schicksal ihrer Mutter. Diese soll unter der Folter in einem Gefängnis der deutschen Besatzer 1943 ihre Genossen aus der Belgrader Kommunistische Partei denunziert haben. Ihr Vater, ein hoher Parteifunktionär und Kriegsheld, erkannte die Tochter erst an, als sie fünfzehn Jahre alt war. Sie kamen sich niemals nahe, auch mit ihren drei Halbschwestern und ihrem Halbbruder konnte sich Mira nicht befreunden. Das Geschick der Mutter beeinflußte die junge Mirjana stark. Sie konnte nicht hinnehmen, daß die Mutter Verrat begannen hatte, sondern rächte sich an allen, sogar dem eigenen Vater, die daran glaubten. Mira idealisierte ihre Mutter als reine und opferbereite Kommunistin. Einmal fand sie ein Foto von ihr mit Blume im Haar. Und so trägt sie zum Gedenken selbst Plastikblumen.

Doch warum eine Schleife? Das paßt absolut nicht zu ihrer matronenhaften Erscheinung, im Grunde sieht es grotesk aus. Besser würde ihr ein Kopftuch stehen, wie eine Kartoffelhändlerin auf dem Markt. Kann das wirklich nur eine Frage des schlechten Geschmacks sein? Mir kommt es vor wie eine bewußte Entscheidung; dieses Image eines Mädchens hat seinen Zweck.

Warum mochte sie so aussehen? Wenn Mira Marković zu sprechen beginnt, wird alles klar. In gewisser Weise entspricht ihre Stimme ihrem Aussehen. Man würde eine tiefe, kräftige, fast männliche Stimme erwarten, die mit ihren groben Gesichtszügen harmoniert – oder wenigstens die Stimme einer Frau von Anfang sechzig. Ihre Stimme jedoch ist völlig überraschend, man fragt sich, ob sie echt ist. Es ist die unangenehm hohe, kindliche Stimme eines Teenagers. Außerdem lispelt sie wie jemand, der nie richtig sprechen gelernt hat. Und sie lispelt umso mehr, je nervöser sie ist.

Wenn ich sie ansehe und diese Stimme höre, fallen mir die russischen Matrjoschkas ein, eine in der anderen. Für mich ist Mira so etwas ähnliches, eine Person in der anderen, eine jünger als die andere. Ganz drinnen steckt das kleine Mädchen. Diese außergewöhnliche Stimme gehört nicht der dicken Frau in mittleren Jahren, sondern dem kleinen Mädchen in ihrem Inneren.

Das ist im Grunde die wahre Mira, so wie sie sich selbst und, was am allerwichtigsten ist, wie ihr Ehemann sie sieht. Sobald sie den Mund aufmacht, verwandelt sich die Sechzigerin in ein 16jähriges Mädchen, diese Ponys und diese Stimme gehören zu ihr. Sie möchte aussehen und klingen wie 1958, als sie und Slobodan in Požarevac zur Schule gingen und sich ineinander verliebten. Unter Miras Zauber ist die Zeit für beide stillgestanden.

Das zarte Mädchen in Mira ist schutzbedürftig. Wenn sie mit ihrer Teenagerstimme zu Slobodan spricht, kann er nicht widerstehen. Und wenn er es versucht, bricht sie in Tränen aus. Wie ein Kind spielt sie ihr Spiel mit ihm und weint nicht, weil sie traurig ist, sondern weil sie ihren Willen durchsetzen möchte.

Das ist ein Teil ihres Repertoires, sagen zumindest diejenigen, die beide kennen. Slobodan scheint sie noch immer als das zu sehen, was sie im Gymnasium war, bevor sie ihn kennenlernte: ein unsicheres, nicht besonders hübsches, einsames und hilfloses junges Mädchen. Slobodan konnte sie verstehen, denn er kam selbst aus einer zerrütteten Familie. Der Vater verließ Slobodan, seinen älteren Bruder und die Mutter – eine Lehrerin – und zog nach Montenegro. Slobodan wuchs als ein einsamer, ernster Junge ohne Freunde auf. Er war ein guter Schüler, einer von denen, die in der ersten Reihe aufmerksam dem Unterricht folgen, sich aber nicht am Sport und anderen Aktivitäten beteiligen. Als er Mira im Dezember 1958 kennenlernte, war sie 16 und er 17 Jahre alt. Seit sie mit ihm zusammen war, hatte sie »keine Angst mehr vor Kälte und Dunkelheit, oder vor schlechten Noten in Mathematik«, wie es in einem ihrer Bücher heißt.

Sie wurden unzertrennlich, so aufeinander fixiert, daß die Leute in Požarevac sie Romeo und Julia nannten. Mir kommen sie eher wie Hänsel und Gretel vor – zwei kleine, von den Eltern ausgesetzte Kinder. Wie im Märchen der Gebrüder Grimm konnten sie sich retten, doch sie leben noch immer im wilden und bedrohlichen Wald und halten sich aneinander fest, um zu überleben. Die Tragödie in Slobodans Familie kettete sie noch fester aneinander. Als Slobodan studierte, erschoß sich der Vater, und die Mutter erhängte sich zehn Jahre später. Aber Slobodan und Mira waren zusammen. Sie brauchten keine anderen Menschen. Die Welt konnte ihnen nichts mehr tun.

Heute sieht er in ihr dieselbe Verwundbarkeit und Hilflosigkeit und möchte sie beschützen. Aber wenn ich sie so betrachte, sehe ich eine berechnende und kalte, alles andere als verwundbare und noch weniger hilflose Frau. Doch das ist unwichtig, beide kümmert nicht, wie andere sie sehen. Sie sorgen sich nur um einander. In der Tat gehen sie durchs Leben, als existiere niemand sonst. Solange wir jung sind, stellen wir uns die ideale Liebe so vor, daß man jemanden findet, der einem nah ist wie eine zweite Hälfte. Jemanden, dem man absolut vertraut und der einen nie verraten wird. Später werden wir gewahr, daß es so eine Beziehung nicht gibt. Manchmal sehen wir Paare, die schon seit der Schulzeit zusammen sind und dieses Ideal darzustellen scheinen. Doch meist sind sie etwas seltsam, eingesponnen in ihren kleinen Kokon. In ihrer pathologischen Angst *vor* der Welt entfernen sie sich desto weiter von ihr, je länger ihre Gemeinschaft dauert.

Mira und Slobodan hängen so sehr aneinander und an ihren Kindern, daß niemand von außerhalb sie aus ihrem autistischen Hafen aufstören kann. Nur sie konnte aus diesem kalten und berechnenden Menschen einen sorgenden und zärtlichen Mann machen, der nach 40jähriger Ehe noch immer händchenhaltend mit ihr spazierengeht. Menschen, die mit ihnen befreundet sind – allerdings nur wenige und nicht sehr auskunftsfreudig – schwören, daß er ihr niemals untreu war. Einmal machte ihm seine Sekretärin Avancen, worauf Slobodan brüllte: »Das ist hier kein Bordell!«

In seinem Büro hatte Milošević nur ein Foto aufgestellt, das von Mira. In der Tat kann man nicht über ihn schreiben, ohne den Einfluß seiner Ehefrau zu berücksichtigen, so wie man nicht über sie und ihre »Errungenschaften« schreiben kann, ohne zu erwähnen, daß sie mit Slobodan Milošević verheiratet ist. Sie funktionieren nur als Paar, als zwei Teile eines Ganzen. Sie schöpfen Kraft auseinander und haben eine Beziehung aufgebaut, aus der jeder andere ausgeschlossen ist; und dieses Verhalten hat Milošević möglicherweise dahin gebracht, wo er jetzt ist. Er, der Partei-Apparatschik, wollte um jeden Preis an der Macht bleiben. Sie unterstützte ihn bedingungslos. Obwohl Kommunistin, stand sie zu ihrem Slobodan, als dieser den Nationalismus entdeckte. Und sie stand zu ihm, als er ein populistischer Diktator wurde. Alles was er brauchte, war ihre Unterstützung.

Mira ist der Schlüssel zu Slobodan, sie setzt ihn in Bewegung. Sie ist die Triebkraft hinter ihm, die ehrgeizige andere Hälfte, die einen eher farblosen Parteibürokraten dazu brachte, jede Gelegenheit auf dem Weg zur Macht zu nutzen. Wie es bei langjährigen Ehepartnern manchmal der Fall ist, wurden sie sich immer ähnlicher. Kleine dunkle Augen, schmale Lippen, breite grobe Gesichter mit zwei tiefen Falten von den Nasenflügeln bis zu den Mundwinkeln. Auf Fotos lächelt er nie. Sie oft. Trotz der äußerlichen Ähnlichkeit unterscheiden sie sich in manchem. Sie ist kommunikativ, er verschlossen; sie ist eitel, er nicht; sie ist ehrgeizig, er ist ein Opportunist; sie pflegt ihr Image, er nicht; sie ist eine hoffnungsvolle Intellektuelle, er ein Bürokrat. Gemeinsam ist ihnen der unstillbare Machthunger.

Mira Marković gab sich mit ihrer Rolle als First Lady nicht zufrieden. Sie wollte mehr. Das zeigt ein Blick auf den Schutzumschlag ihres Buches »Zwischen Ost und Süd« (Belgrad 1996). Dort wird sie vorgestellt als: Ordentlicher Professor an der Naturwissenschaftlich-Mathematischen Fakultät der Universität Belgrad.

Mitglied der Russischen Akademie der Wissenschaften, Ehrenprofessor an der Lomonossow-Universität, Direktor des Internationalen Zentrums für soziologische Forschung der slawischen Länder an der Russischen Akademie und Herausgeber zweier russisch-jugoslawischer wissenschaftlicher Zeitschriften. Mirjana Marković hat drei soziologische Werke und zwei Bände mit ihren gesammelten Zeitungskolumnen veröffentlicht. Wie Elena Ceauşescu hat sie nie ihre Ambitionen verborgen, eine prominente Persönlichkeit zu werden. Um Milošević zu schmeicheln, beschrieben ihre Freunde von der Tageszeitung *Politika* sie als »eine der wichtigsten und interessantesten Vertreterinnen der wissenschaftlichen Weltelite«. In einer autokratischen Gesellschaft wie der serbischen ist es nicht schwer, an Ehrungen und Titel zu kommen, zumal wenn man die Gattin des Präsidenten ist.

Aber all das genügte Mira noch nicht. Sie wollte direkt in der Politik mitwirken, nicht nur über ihren Mann, so groß ihr Einfluß auf ihn auch war. 1994 gründete sie ihre eigene Partei JUL (Jugoslovenska Ujedinjena Levica, Jugoslawische Vereinigte Linke) und konnte somit in derselben politischen Arena auftreten wie ihr Mann. Bald bekam JUL in Serbien Gewicht. Die Mitgliedschaft in dieser Partei bedeutete schnellen Zugang zu guten Positionen. Weil Mira ihr bescheidenes Image wahren wollte, lehnte sie interessanterweise die Funktion der Parteivorsitzenden ab und begnügte sich mit dem eines Exekutivmanagers.

Doch das konnte niemanden täuschen.

Die kokette Mira stellte nie direkte Forderungen an ihren Mann, aber sie brachte ihn stets dazu, das zu tun, was sie wollte. Milošević ist so närrisch und blind in seine Frau verliebt, daß sie ihn sofort herumkriegt; ein Blick oder eine Geste oder der Klang ihrer Stimme genügt, wie Augenzeugen sagen. Mehr noch, er hält sie wirklich für eine geniale Politikerin und Wissenschaftlerin. Stets war er der eifrigste Leser ihrer Zeitungskolumnen und glaubte den Kritikern aufs Wort, die ihren Stil und ihre klugen politischen Analysen bejubelten.

Es ist schwer vorstellbar, daß Mira dank ihrer Meriten als marxistische Soziologieprofessorin eine solche Karriere gemacht hätte. Aber eine Frau, die einen mächtigen Mann lenkt, ist im Grunde noch mächtiger als er, wie sie in einem ihrer Bücher schreibt: »Wenn eine Frau imstande ist, selbst den besten Mann zu vernichten, wenn sie trotz eigener bescheidener Fähigkeiten andere, bessere dazu bringt, eine erfolgreiche Persönlichkeit aus ihr zu machen, dann verdient sie es, als Herrscherin in ein neues Zeitalter einzutreten.« In der Tat hatte Serbien nicht einen, sondern zwei Herrscher. Dank ihrem Einfluß auf den pathologisch verliebten Mann schaffte es Mira, ihre Stellung auszunutzen.

Mira Marković sieht sich als Feministin und hat deshalb ihren Mädchennamen beibehalten. Oft betont sie, daß Frauen das stärkere Geschlecht sind, zugleich jedoch präsentiert sie sich als romantische, zarte und empfindsame Seele mit einem Hang zur Kunst – als hoffnungsvolle Schriftstellerin und Musikliebhaberin. Merkwürdiger Widerspruch: Sie ist Marxistin, bis vor einigen Jahren Mitglied der Kommunistischen Partei, und sie glaubt an Astrologie. Ihr Mann ist stolz auf ihre Unabhängigkeit und ihre Intellektualität. Dank seiner bedingungslosen Unterstützung glaubt sie, nicht nur für ihn wichtig zu sein, sondern für die ganze Welt.

In ihrem Tagebuch 1994 bis 1996, »Zwischen Ost

und Süd«, äußert sie ihre Ansichten über Gartenblumen und Zugvögel, das Wetter, ihre Kinder bis hin zu ihren politischen Gegnern. Sie schreibt in einem quasi-poetischen Stil, wobei sie moralische Belehrung mit Binsenwahrheiten kombiniert: »Ich habe mich immer gefragt, warum die Vögel aus dem Süden zurückkommen, wohin sie im Herbst gezogen sind. Ist es der Wunsch, nach Norden zu fliegen, oder die Hoffnung, daß hier einmal der Herbst nicht den Sommer ablösen wird?« Sie notiert leere Verallgemeinerungen wie: »Die materielle und geistige Entwicklung schreitet stetig fort, und das umso schneller, je schneller die Zeit vergeht.« Interessanterweise erwähnt sie kaum den Krieg in Bosnien, der zu dieser Zeit noch tobt. Wenn sie etwas dazu sagt, dann ist es ein Lamento über die menschliche Natur: »Eine Frage schwebt über all den Toten und Verwundeten, eine Frage ohne Antwort – warum? Warum sterben sie, warum verschwinden sie, warum haben sie Eltern, Kinder, Freunde verloren, warum sind sie verletzt, warum sind sie ohne Haus und Heimat, warum benehmen sich Menschen blutrünstiger als Tiere?« Wüßte ich nicht, wer die Verfasserin ist, würde ich glauben, der Text stamme von einem romantischen, unerfahrenen jungen Mädchen und nicht von jemandem, der eine politische Analyse anstellt. Aber wenn ich daran denke, daß die Autorin Slobodan Milošević' Frau ist, dann mutet all das wie schierer Zynismus an, denn es fällt kein Wort über die Rolle ihres Mannes bei dem, was sie »blutige Orgie« nennt. Damals war Sarajevo noch immer belagert, und Scharfschützen töteten Menschen, die nach Wasser oder Brot anstanden. Im Juli 1995 fiel die UN-Schutzzone Srebrenica, und die Armee der Republika Srpska exekutierte etwa 7000 muslimische Männer. Das erwähnt Mira Marković nicht in ihrem Tagebuch.

Ich sehe sie vor mir, wie sie am Schreibtisch sitzt, in ihren Garten blickt und Notizen über Vögel und Wolken macht. Dort konnte sie übrigens die Toten und die Flüchtlinge nicht sehen. Nach eigener Aussage hat sie nie mit ihrem Mann darüber gesprochen. Mira Marković wurde in Serbien viel gelesen, aber nicht wegen ihres eloquenten Stils oder ihrer genialen Gedanken. Man las ihre Kolumne in der Zeitschrift *Duga* (Regenbogen) als Führer durch die Zukunft, eine Art Horoskop, als Einführung in die politische Astrologie. Wenn sie jemanden kritisierte, war es mit seiner Karriere vorbei; das war allgemein bekannt. Wenn Milošević jemanden nicht mochte und ihn politisch eliminieren wollte, überließ er Mira die Arbeit. Das geschah etwa Mihajlo Marković. Dieser Philosoph war prominentes Mitglied und Chefideologe von Milošević' Sozialistischer Partei. Er mußte bestraft werden, weil er Radovan Karadžić und die Republika Srpska zu einer Zeit unterstützte, als Milošević dabei war, alle Verbindungen dorthin zu kappen. Ebenso erging es Borisav Jović, dem ehemaligen Präsidenten Jugoslawiens, und Milorad Vučelić, dem Chef des Serbischen Staatsfernsehens. Auf einer Parteikonferenz im November 1995 enthob Milošević sie binnen 17 Minuten und ohne Begründung ihrer Funktionen. Die Begründung stand bereits in einer Kolumne seiner Frau.

Aber nicht nur Politiker hatten Angst vor Mira. In Karadjordjevo, wo das Ehepaar Milošević den Neujahrstag 1995 feierte, fiel aus technischen Gründen für mehrere Stunden der Strom aus. In ihrer Kolumne äußerte Mira die Meinung, dies sei kein Zufall, sondern ein Racheakt der Opposition, die damals in Belgrad herrschte. Also wurde der ganze Verwaltungsrat der Elektrowirtschaft über Nacht abgelöst. Weit tragischer ist, milde gesagt, der Fall des Journalisten Slavko Ćuruvija. Er war Miras Freund, bis er es wagte, ihr zu sagen, daß Serbien unter der Flagge von JUL und der Radikalen Partei immer faschistischer würde. In ihrer Kolumne reagierte Mira vehement und nannte ihn Verräter und Söldner. Wenige Monate später wurde er am hellichten Tag auf der Straße ermordet. Niemand kann beweisen, daß es einen Zusammenhang zwischen Miras Verleumdung und dem Mord an Ćuruvija gibt. Vielleicht hatte sie mit ihrer Kolumne den Mob dazu inspiriert, das Recht in die eigenen Hände zu nehmen. Wahrscheinlicher ist indes ein Akt der Geheimpolizei. Viele, die den *modus operandi* der Familie Milošević-Marković kennen, vermuten, daß der Zusammenhang besteht.

Auf der anderen Seite konnte jeder, dem Mira in ihrer Kolumne Gutes nachsagte, alsbald eine Beförderung erwarten. Wegen ihrer Machtfülle wurde sie noch mehr gefürchtet und gehaßt als ihr Mann. Ohne den Einfluß, den sie auf Milošević hatte, wäre diese Macht nicht möglich gewesen. Sie war sein wichtigster, wenn nicht einziger politischer Berater. Für einen Mann, der selbstherrlich Entscheidungen traf, als gebe es keine staatlichen Institutionen, war er wirklich extrem von ihrer Meinung abhängig. Wie die Biographen vermerken, nannten ihn seine politischen Gegner insgeheim einen Pantoffelhelden.

Obwohl das Haager Tribunal keine Anklage gegen sie erhoben hat, trägt sie zumindest moralisch Mitverantwortung für seine Taten. Kurz nach Milošević'

Auslieferung im September 2001 gab Mira Marković dem Journalisten Tim Sebastian ein Interview für BBC TV, das ein Licht auf ihre Persönlichkeit wirft. In schwarzem Rock und schwarzer, weißgepunkteter Bluse (wie aus dem Kleiderschrank meiner Tante) saß sie starr auf dem Stuhl, eine Karikatur Kleopatras. Während der halbstündigen Sendung zeigte sie kein einziges Gefühl, und ihr Gesichtsausdruck wechselte auch dann nicht, wenn ihre Worte zornig waren. Nur ihre fülligen Hände mit den vielen Ringen und den rot lackierten Nägeln bewegten sich. Ab und zu griff sie sich kokett ans Haar.

Sie antwortete auf keine Frage. Ich hatte den Eindruck, daß sie die Fragen gar nicht hörte. Offensichtlich war sie auf das Interview nur eingegangen, um der Welt zu sagen, was sie dachte. Sie hatte nicht die Absicht, auf unangenehme Fragen irgendeines Journalisten zu antworten. Tim Sebastian wollte zum Beispiel wissen, warum Slobodan Milošević seit seiner Verhaftung das Tribunal als illegal bezeichne. »Er hatte keine Einwände, als Radovan Karadžić und Ratko Mladić beschuldigt wurden«, sagte er. Mira zischte wie eine Schlange: »Benehmen Sie sich bitte wie ein Journalist und Intellektueller! Sie verhören mich wie vor Gericht! Ich habe Ihre Einladung zum Gespräch nicht angenommen, um mich unbehaglich zu fühlen, sondern damit Sie Ihren Zuschauern einen anderen Aspekt präsentieren können.«

Im Fortgang des quälenden Interviews wurde immer klarer, daß Mira keine Debatte duldete. Sie war tief verletzt durch Sebastians Fragen und hielt ihm, statt zu antworten, einen Vortrag über die neunzehn Länder, die sich gegen Jugoslawien verschworen hatten, und über ihren Mann, der »... heldenhaft für Freiheit und Unabhängigkeit kämpft. Wir tragen keine Verantwortung für das Blutvergießen. Die Schuld liegt beim Ausland, das dieses Blutvergießen finanziert hat«, sagte sie. Als Sebastian sehr höflich die unvermeidliche Frage stellte, ob sie glaube, daß ihr Mann je wieder freikommen würde, wischte sie das arrogant beiseite: »Darauf antworte ich nicht! Und sehen Sie mich nicht so an, wir sind hier nicht bei der Polizei!« Tim Sebastian, ein erfahrener Journalist, der schon viele Menschen interviewt hatte, war angesichts dieser Grobheit ziemlich irritiert.

Mira Marković, Professorin, Parteichefin und First Lady, ist es nicht gewohnt, daß man sie befragt, geschweige denn ihr widerspricht. Ihr Verhalten beim BBC-Interview gleicht dem von Milošević im Gerichtssaal. Auch er hört auf keine Frage. Wenn ihm ein Richter das Wort erteilt, hält er eine Predigt über die Illegalität des Gerichts und die internationalen Mächte, die sein kleines, unabhängiges Land vernichten wollen. Im BBC-Interview wiederholte Mira seine Worte, oder vielleicht wiederholte Milošević ihre Worte vor dem Tribunal, schwer zu sagen. Und sie reagiert genau wie Milošević: Anfangs ist sie kühl und gelassen, wird jedoch immer nervöser (und lispelt immer mehr), wenn Tim Sebastian ihre Phrasen zurückweist und auf klaren Antworten besteht. An solche Behandlung nicht gewöhnt, war sie schockiert: Wie wagte er es, sie in dieser Weise zu befragen? Sie kannte eine andere Art Journalismus: der Politiker hält seine Rede, und es folgen keine Fragen. Die Presse ist dazu da, die Botschaft oder, wie Mira sagt, »die Wahrheit« zu verbreiten.

Auch Milošević war schockiert, er glaubte nicht,

daß man ihn verhaften und an ein internationales Tribunal ausliefern würde. Er glaubte, über all dem zu stehen. Mira Marković und Slobodan Milošević sind Menschen, die nur predigen, jedoch niemandem zuhören können. Sie sind zutiefst beleidigt, wenn ihnen der Mund verboten wird. Am Ende des Interviews versuchte es Mira bei Sebastian mit der Methode, die sie gegenüber ihrem Mann praktiziert: Hilflosigkeit. In mädchenhaftestem Ton beklagte sie sich über seinen Mangel an galanter »Ritterlichkeit«. Das war ein bemerkenswerter Augenblick, denn mit der Erwähnung des Wortes *Ritter* offenbarte sie die Welt, in der sie lebt. Es ist eine Märchenwelt voller Ritter und Drachen, Hexen und Feen und natürlich Prinzessinnen. In ihrer Welt zollen die Ritter den Damen Achtung, und Prinz und Prinzessin leben ewig im Glück.

Die Welt von Milošević und Mira Marković ist jenseits der wirklichen Welt und immun gegen die Realität. Der serbische Journalist Slavoljub Djukić, Verfasser der Biographie »On, Ona i mit« (Er, sie und wir), schreibt über die beiden, daß die Wirklichkeit für sie »keine Bedeutung« hat. Sie hatten die Macht, sich ihre eigene Wirklichkeit zu schaffen. Sie sehen sich noch immer nicht so, wie sie wirklich sind, sondern so, wie sie einander sehen möchten. Sie ist für ihn eine brillante Intellektuelle, ein Genie und sein verwundbares kleines Mädchen. Er ist für sie ein brillanter Politiker, ein Mann mit Prinzipien, ein Freiheitskämpfer und ihr starker Gatte. Nun, da die ganze Welt gegen sie ist, haben sie das Bedürfnis, sich noch mehr gegen die Wirklichkeit abzuschirmen.

Es ist etwas Tragisches um dieses Paar. Sie haben kein gewaltsames Ende genommen wie Elena und

Nicolae Ceauşescu, aber ihr Schicksal ist ähnlich. Sie begreifen nicht, daß jeder für seine Taten geradestehen muß. Sie begreifen nicht, warum ihnen all dies geschieht. Sie leben tatsächlich in ihrer eigenen Welt. Wenn die Wirklichkeit nicht ihren Vorstellungen entspricht, auch gut. Umso schlimmer für die Wirklichkeit. Slobodan und Mira sind wirklich wie Hänsel und Gretel. Ungeliebt, verlassen, aber zusammen in ihrer autistischen Welt. Solange sie unbegrenzte Macht hatten, war ihr Autismus gefährlich für jedermann. Heute kann er nur sie selbst verletzen.

P. S.
»Belgrad, 29. März 2003. Die serbische Polizei fahndet intensiv nach Dr. Mirjana Marković, der Ehefrau des ehemaligen Präsidenten Slobodan Milošević, im Zusammenhang mit dem Mord an dem ehemaligen Präsidenten Serbiens Ivan Stambolić, dessen sterbliche Überreste am 28. März entdeckt wurden. Das Justizministerium hat in Erfahrung gebracht, daß Mirjana Marković am 23. Februar das Land verließ und sich gegenwärtig in Rußland aufhält. Frau Marković wird gebeten, umgehend nach Serbien zurückzukehren und sich bei der Polizei zwecks Vernehmung zu melden. Widrigenfalls wird sie auf die internationale Liste gesuchter Verbrecher gesetzt.«

Die Nachricht erschien auf der Web-Site der serbischen Regierung.

11. Die Gottesstrafe

General Ratko Mladić, der Armeechef, und Radovan Karadžić, der ehemalige Präsident der Republika Srpska, werden vom Tribunal beschuldigt, zwischen 1992 und 1995 in Bosnien Völkermord, Verbrechen gegen die Menschlichkeit begangen, die Genfer Konventionen und das Kriegsrecht mißachtet zu haben. Infolge dieser Verbrechen kamen annähernd 200 000 bosnische Muslime ums Leben. Beiden Männern werden auch die Okkupation der »Schutzzone« Srebrenica und der Befehl zum Mord an 7000 muslimischen Männern vorgeworfen. Mladić und Karadžić, die als die größten Kriegsverbrecher nach Slobodan Milošević gelten, sind auf freiem Fuß und halten sich versteckt.

Es war Frühling, und General Mladić beschnitt die Rosen in seinem Belgrader Garten. Schneiden, Pfropfen, Gießen – schon seit Jahren waren das seine einzigen Pflichten. Sieben Jahre nach dem Abkommen von Dayton war er ein General ohne Armee, ein Mann ohne Job. Außer dem Haager Tribunal interessierte sich niemand für den »Schlächter von Bosnien«. Wenn er nicht im Garten beschäftigt war, gelegentlich zu einem Fußballmatch oder in ein Restaurant ging, trank er intensiv. Häufig besuchte er das Grab seiner Tochter. Mit kaum sechzig Jahren war Mladić ein seelisches

Wrack. Er hatte nichts mehr zu erwarten. Er war ein Krieger, und der Krieg war Vergangenheit.

Mehr noch, die neue Regierung nach Milošević nahm ihm die Bodyguards weg, die ihn bis dahin beschützt hatten. Das Haager Tribunal verlangte von den serbischen Behörden seine Verhaftung, und 2002 mußte Mladić seinen Rosengarten verlassen und fliehen – höchstwahrscheinlich nach Bosnien.

Endlich hatte ihn die Wirklichkeit eingeholt.

Mladić hatte an zwei Fronten gekämpft und verloren. Die erste Front war in Bosnien. Nach vier Jahren Krieg und der Eroberung von 70 Prozent des bosnischen Territoriums mußte er nach dem Daytoner Abkommen im Dezember 1995 seine Truppen abziehen. Die Republika Srpska bekam 49 Prozent des bosnischen Staatsgebiets, aber die dortigen Serben mußten mit den Muslimen und Kroaten der Föderation zusammenleben.

Die zweite Front, deren sich Mladić vielleicht gar nicht bewußt war, verlief in seinem eigenen Haus. Denn die wahre Geschichte über Mladić ist nicht die von Siegen und Niederlagen auf dem Schlachtfeld. Die wahre Geschichte handelt von seiner persönlichen Tragödie, dem Freitod seiner Tochter. Daß er jahrelang ein Teil der serbischen Mythologie war, half ihm hier nicht. Als sich die Tochter im März 1994 umbrachte, wandelte sich sein Leben vom serbischen Mythos zur griechischen Tragödie. Es war das einzige Mal, daß er mir leid tat.

Am Abend zuvor spielte Ana mit ihrem Vater, ihrer Mutter Bosa und ihrem Bruder Darko nach dem Essen »Schiffe versenken«. Das erinnerte mich an die eigene Kindheit, obwohl Ana Medizinstudentin und 23 Jahre alt und ihr Bruder etwas jünger war. Dennoch spielten sie dieses Spiel für Kinder, wie ich es als Achtjährige mit meinem Vater gespielt hatte. Wir spielten auch »Schwarzer Peter«, »Mensch ärgere dich nicht« und Domino. Mein Vater versuchte mir sogar »Briscola« beizubringen, ein in Dalmatien gebräuchliches Kartenspiel. Es gab noch kein Fernsehen, meine Großmutter brachte nach dem Abendessen die Schachtel mit den Spielen, und dann saßen wir bis spät in die Nacht. Im Hintergrund lief leise das Radio, Vater hörte Nachrichten, oder wir alle hörten die Sendung für Seeleute, wo Mütter oder Ehefrauen Lieblingslieder bestellen konnten für Marko auf der Reise nach Singapur oder Peter auf der Rückreise von Costa Rica ... Mein Bruder, der zu klein war, um mitzumachen, saß auf Großmutters Schoß und hielt mir die Daumen. Ich liebte diese Augenblicke, wenn die ganze Familie um den Tisch saß und nicht an die täglichen Sorgen dachte. Das war in den späten Fünfzigern und lange her.

Ich kann mir diese fast romantische Szene im Haus Mladić vorstellen. Scherze, Ana lächelt siegesgewiß ... Aber etwas ist seltsam, etwas paßt nicht. Wie kommt es, daß Bruder und Schwester, längst keine Kinder mehr, mit ihren Eltern dieses Kinderspiel spielen?

Mladić ist ein gedrungener Mann mit großem Kopf und Stiernacken. Wenn er mit scharfer Kommandostimme spricht, glänzt sein rotes Gesicht vor Schweiß. Man sieht, daß er irdischen Freuden wie Essen und Trinken zugetan ist. Vermutlich mag er Würstchen, Spanferkel und Lamm am Spieß, Ćevapčići und Sarma – die letzteren türkische Spezialitäten, worauf man ihn nicht extra hinweisen muß. Denn ohne das, was die

Türken hinterlassen haben, wäre es mit der serbischen Küche nicht weit her. Viele Speisen sind mit scharfem Paprika gewürzt und verlangen nach Sliwowitz. An Mladić wirkt jede Uniform, als wäre sie zu eng und könnte jeden Augenblick platzen. Sein Gesicht weist auf hohen Blutdruck hin, und vermutlich hat er auch einen hohen Cholesterinspiegel. Er sieht weniger aus wie ein Soldat, eher wie ein Herzinfarktkandidat.

Noch vor kurzem war sein Name für Tausende Muslime in Bosnien ein Synonym für Angst. Mladić belagerte drei Jahre lang Sarajevo, die Stadt, wo er ein Haus hatte und wo seine Mutter und seine Freunde lebten, die Stadt, die er genau kannte. 12 000 Menschen kamen dort ums Leben, bevor er seine Truppen abziehen mußte. Es folgten Gorazde und Srebrenica.

In Sarajevo erzählten mir Menschen, die ihn kannten, daß er unerträglich war. General Mladić hat mich begreifen lassen, wie es zum Fall der Schutzzone Srebrenica kommen konnte – zur Flucht des Niederländischen UN-Bataillons, zum Massaker, zum Exodus von 30 000 Frauen und Kindern ... Ich erinnere mich an einen Dokumentarfilm über den Einmarsch der Truppen der Republika Srpska am 11. Juli nach Srebrenica, aufgenommen von einem Fernsehteam aus Pale. Mladić verhandelt mit Oberst Tom Karremans, dem Befehlshaber des Niederländischen UN-Bataillons. Mladić steht dem Oberst gegenüber, aber gefährlich nahe, er schwitzt intensiv und brüllt Karremans an, er schreit nicht, er brüllt, und das umso lauter, weil er viel kleiner ist als der Oberst. Umgeben von seinen schwerbewaffneten Soldaten gibt er deutlich zu verstehen, daß er Karremans und seine 450 Mann als Gefangene betrachtet.

In dem schlechtbeleuchteten Hotelzimmer in Bratunac wiederholt Karremans mehrmals ein und dieselbe Geste: Er hebt die linke Hand an seine Kehle und läßt sie dort ruhen, als habe er Probleme mit dem Atmen, er wiederholt die Geste. Dieser unwillkürlichen Bewegung ist sich der Oberst vielleicht gar nicht bewußt. Aber er muß etwas gespürt haben, möglicherweise die Todesgefahr. Er ist ein hochgewachsener, magerer Fünfziger im Tarnanzug. Sein Gesicht ist vereist vor Angst. An die Wand des Zimmers gelehnt, hält sich Tom Karremans die Hand an die Kehle, als wollte er sie vor einem Messerstich schützen.

Nach einer Weile wird Mladić milder im Ton und bietet Karremans eine Zigarette an. »Rauchen Sie?« fragt er. »Nein«, sagt Karremans. »Nehmen Sie ruhig, es ist nicht Ihre letzte«, sagt Mladić lachend, der Karremans' Angst spürt. Dem Oberst bleibt nichts übrig, als die Zigarette zu nehmen. Dann fragt Mladić, ob er Bier trinken möchte. Karremans lehnt wieder ab. Um nicht unhöflich zu erscheinen und so den feindseligen Mladić zu verletzen, erklärt er, daß er nicht trinken wolle, solange das seinen Soldaten verboten sei. Mladić lacht wieder von Herzen: »Natürlich wirst du trinken!« sagt er, und es ist klar, daß Karremans trinken wird. Im nächsten Moment stoßen sie miteinander an.

Wenn man sieht, wie der Oberst Mladić gegenübersteht, so verängstigt, daß er vermutlich denkt, das ist das Ende – dann versteht man, daß er niemanden verteidigen konnte, nicht einmal sich selbst. Es ist klar, daß er jedem Befehl von Mladić folgen wird. Karremans ist besiegt, die UN-Truppen sind besiegt, Srebrenica ist besiegt, und all das kann man vom Gesicht des holländischen Befehlshabers ablesen.

Die Aufnahme vom Treffen der beiden Kommandeure ist ein außergewöhnliches Dokument. Absichtlich demütigt Mladić den gefangengenommenen UN-Offizier, der nicht einmal ein Feind ist, sondern ein neutraler Truppenchef. »Ich will Ihnen helfen«, sagt Mladić, »obwohl Sie es nicht verdienen, weder als Soldat noch als Mensch.« Mladić demütigt Karremans vor dessen eigenen Soldaten und vor den TV-Kameras. Die Neutralität der UN-Truppen bedeutet ihm nichts. Er akzeptiert nicht die internationale Intervention in das, was er als seinen Krieg betrachtet. Die Ausländer stören nur, sagt er oft.

Dieser Dokumentarfilm entlarvt Mladić als aggressiv und narzißtisch und selbstherrlich nach der Eroberung der Enklave Srebrenica. Aber er zeigt auch, wie Mladić lügt. Er lügt, als er zu Karremans sagt, die muslimische Bevölkerung sei nicht das Ziel seiner Aktion. In Potočari erklärt er Tausenden erschöpfter Frauen und Kinder, sie brauchten keine Angst zu haben, ihnen werde nichts geschehen. Da sind die Busse, die sie deportieren sollen, schon unterwegs. Er belügt auch den Abgesandten der Muslime aus Srebrenica, der bei seinem Anblick kaum ein Wort hervorbringt. Mladić sagt zu ihm: »Jedem, der seine Waffen niederlegt, garantiere ich Sicherheit für Leib und Leben. Sie haben mein Wort als Mann und General.«

Die Lügenpraxis vieler serbischer Politiker und Militärs war zu Beginn des Krieges irritierend. Alle logen, von Milošević über Karadžić bis zu Mladić. Eine Zeitlang nahmen ausländische Unterhändler ihre Versprechen für bare Münze, um später festzustellen, daß sie falsch gewesen waren. Offenbar war ihr Ehrbegriff ein anderer. Nach serbischer Auffassung von der

Kriegsethik sind Lügen erlaubt, um den Feind an der Nase herumzuführen. Aufrichtigkeit galt als dumm. Natürlich hatte Mladić nicht die Absicht, die muslimischen Soldaten gefangenzunehmen, die ihre Waffen niederlegten. In Srebrenica wurden keine Gefangenen gemacht. Kurz nachdem er sein Ehrenwort gegeben hatte, begannen die Exekutionen. Das Blutbad, das dem 12. Juli folgte, war das größte Massaker in Europa nach dem Zweiten Weltkrieg, ein Massaker, das 7475 muslimische Männer aus Srebrenica das Leben kostete.

Als Kommandeur hatte Mladić Charisma, und das wußte er. In der Tat war er der charismatischste Führer von allen. Bei den Serben genießt das Soldatenhandwerk ein gewisses Prestige. Als Soldat war Mladić asketisch, diszipliniert, furchtlos, unbestechlich und gewiß niemand, der sich auf dem Schwarzmarkt bereicherte. Aus serbischen Bauern formierte er eine richtige Armee zur Eroberung bosnischer Territorien. Es gibt viele Anekdoten über ihn als Kommandeur, aber alle erzählen dieselbe Geschichte: Er hatte keine Angst vor dem Feind. Brutal und arrogant, von sich als militärisches Genie überzeugt, respektierte er niemanden, von den internationalen Vertretern und ausländischen Truppen bis zur Presse. Die Serben aus der Republika Srpska wiederum erblickten in ihm eine Vaterfigur, jemanden, der sie beschützte. 1995 auf dem Höhepunkt seiner Karriere war Mladić die populärste Persönlichkeit in der Republika Srpska, populärer noch als der Präsident Karadžić. Zugleich war er auf dem Balkan der meistgehaßte und -gefürchtete Mann neben Slobodan Milošević.

Die serbische Presse hat ihn oft mit Fürst Lazar Hrebeljanović verglichen, der 1389 die Serben gegen die Türken in der Schlacht auf dem Amselfeld anführte. Am Tag vor der Schlacht erschien dem Fürsten der Prophet Elias in Gestalt eines grauen Falken und stellte ihn vor die Wahl: Entweder gewann er die Schlacht und eroberte damit ein Königreich auf Erden, oder er verlor und erlangte damit einen Platz im Himmel für sich und sein Volk. Fürst Lazar zögerte nicht lange – er opferte seine Truppen. Und seit diesem 28. Juni, dem Veitstag, an dem die Schlacht verloren ging, betrachten sich die Serben als »himmlisches Volk«, eine Gemeinschaft anderer Art, weil sie das Märtyrertum gewählt hatten.

So entstand der mächtigste, bis heute erstaunlich lebendige serbische Mythos. Oder er wurde vielmehr wiederbelebt, so wie auch andere Nationen ihre Mythen wiederbeleben. Nach so vielen Jahrhunderten kämpften wieder Serben gegen Türken. Nicht gegen die Osmanen von 1389, aber doch Türken oder *balijas*, wie der Spottname für die bosnischen Muslime lautet. Es war keine Schlacht auf dem Amselfeld, sie fand in Bosnien statt und wurde gleichermaßen verloren. Dennoch wurde Mladić, wie einst der Fürst, zum »himmlischen Krieger«, zu einem legendären Helden.

Man könnte sagen, daß die Geschichte des serbischen Volkes eine Geschichte der verlorenen Schlachten ist, aber in Anlehnung an den Amselfeld-Mythos bedeutet Niederlage hier Sieg.

In seiner ersten Ansprache an die Nation nach der 1999 von den NATO-Kräften beigebrachten Niederlage gratulierte der damalige Präsident Slobodan Milošević den Serben zum Triumph. Er tat es in der besten Tradition der Amselfeldschlacht, wo die militärische Niederlage auf Erden zum spirituellen Sieg wird. Wie

Fürst Lazar, der vor der Wahl zwischen Geschichte und Mythologie stand, entschied sich Milošević für die Mythologie. Da jedoch Gott diesmal nicht eingriff und Milošević aus den NATO-Bombardements unversehrt hervorgegangen ist, könnte er als lebenslang inhaftierter, gewöhnlicher Kriegsverbrecher enden.

Interessanterweise wurde Milošević nie mit Fürst Lazar verglichen wie General Ratko Mladić. Soldaten sind besseres Material für Mythen und Epen. Milošević war nur Politiker, und deren Popularität kommt und geht. Er muß noch immer sein Volk davon überzeugen, daß er ein legendärer Held ist, der das Land gegen die vereinigten westlichen Feinde verteidigte – und das versucht er vor dem Tribunal in Den Haag. Mladić hat das als Soldat schon getan. Er steht in der jüngsten serbischen Mythologie über Milošević.

Auf alten serbischen Ikonen ist Fürst Lazar als ein schmaler, blasser, vergeistigter Mann dargestellt. Mladić hat nichts Ätherisches an sich. Doch er strahlte Macht aus, und das beeindruckte die Menschen. Mladić war sich seines »himmlischen« Ruhms bewußt, und infolgedessen sprach er von oben herab. Als ihn ein Journalist zu fragen wagte, wer ihn entlohne und wem er seine Steuern zahle, gab Mladić eine heroische Antwort: »Ich arbeite nicht für Geld. Mein Lohn ist das Überleben meiner Nation ... Der Sinn meines Lebens in diesen schweren Zeiten ist es, dem Volk zu geben, was ich kann.«

Seine Arroganz kommt ebenso aus seinem Charakter wie aus seiner Situation. Er lebt weniger in der realen Welt als in einer Welt der Legenden. Sogar bei seinen öffentlichen Auftritten passiert es ihm, daß er in ein und demselben Satz Vergangenheit und Gegenwart vermischt. Als er Srebrenica eingenommen hatte, sagte er vor einer TV-Kamera: »Diese Stadt übergebe ich dem serbischen Volk als Geschenk zum Veitstag ... Endlich haben wir Rache an den Türken genommen!« Über 600 Jahre nach der Schlacht auf dem Amselfeld redet General Mladić über Rache an den Türken, obwohl es in Bosnien längst keine Türken mehr gibt. Aber in seiner Mythenwelt brachte er, der serbische Racheengel, seinem Volk endlich Gerechtigkeit, indem er den Mord an Tausenden bosnischen Muslimen in Srebrenica befahl.

An jenem Abend gab es keine Anzeichen für das, was sich knapp 24 Stunden später ereignen würde. Außer daß Ana seit ihrer Rückkehr aus Moskau an Kopfschmerzen litt. Sie stand kurz vor dem Abschluß als eine der besten Medizinstudentinnen an der Belgrader Universität. Die Reise nach Moskau war einer der traditionellen Absolvententrips.

Dem General gefiel die Idee nicht, doch Mutter und Tochter hatten ihn umstimmen können.

Nach der Rückkehr war Ana wie verändert. Sie klagte über starke Kopfschmerzen, weshalb sie sich nicht auf die Vorbereitung für die nächste Prüfung konzentrieren könne. Der oft kolportierte und vermutlich wahre Grund für ihren Freitod war die Tatsache, daß ihr endlich die Realität des Krieges und damit die Rolle ihres Vaters bei den Gemetzeln in Bosnien klar geworden war.

Wenn das wirklich der Grund dafür war, daß sich Ana Mladić das Leben nahm, dann kann ich mir vorstellen, wie es dazu gekommen ist. Sie konnte ihren Vater nicht zur Rede stellen, keine Erklärung, kein

Dementi dessen verlangen, was sie gelesen hatte. Ihre Familie war traditionell und patriarchalisch, und Ana hatte gelernt, daß sie die Autorität ihres Vaters nicht in Frage stellen durfte. Ich kenne das, denn auch mein Vater war Offizier, einer von denen, die keinen Unterschied zwischen ihren Soldaten und der eigenen Familie machen. Sie sprechen nicht, sie befehlen. Sie erwarten keinen Widerspruch, schon gar nicht, wenn es um ihre Profession geht.

Auch ich hatte nicht die Kraft, meinem Vater zu widersprechen, und ich mußte von zu Hause weggehen, um seiner überwältigenden Autorität zu entfliehen. Im Haus eines solchen Offiziers fragt man nicht nach seiner Tätigkeit; man weiß, daß er die Exekution von Zivilpersonen anordnet. Außerdem war Ana eine Frau, und bei aller Liebe zu seiner Tochter – wenn es um eine so ernste Sache geht wie einen Krieg, hat eine Frau den Mund zu halten.

Hätte sie es an jenem Abend gewagt, ihm irgend etwas zu sagen, ja den Krieg nur zu erwähnen, hätte er sie mit seinen durchdringenden blauen Augen angesehen, die eiskalt werden konnten. Sein Blick war ungläubig, dann wütend. Wer war sie, so mit ihm zu reden, dem eigenen Vater, noch dazu einem General? Solchen Ton schlug ihm gegenüber niemand an, weder ausländische Diplomaten noch seine höchsten Offiziere. Die Augen meines Vaters waren genauso, und wenn er mich mit diesem kalten Blick ansah, bekam ich weiche Knie. Angst. Hilfesuchend sah ich meine Mutter an. Sofern ich mich erdreistete, etwas zu antworten, und er schon diesen Blick aufgesetzt und seine Stimme erhoben hatte, sah meine Mutter uns nur hilflos an, wie gelähmt. Sie hat mich nie zu verteidigen gewagt, und das kann ich ihr nicht vergessen. Anas Mutter hat sich wahrscheinlich ebenso verhalten. Heute, da mein Vater schon lange tot ist, erinnere ich mich noch immer an meine Ohnmacht ihm gegenüber und an den verlorenen, unterwürfigen Blick meiner Mutter.

Ana hätte eine sehr starke Persönlichkeit sein müssen, um ihren Vater wegen der von ihm begangenen Verbrechen zur Rede zu stellen. Viele Male habe ich mir ihren Dialog, der nie stattgefunden hat, vorzustellen versucht. Wäre sie dazu imstande gewesen, hätte sie unweigerlich gefragt: Warum? Warum all diese Morde? Er hätte geantwortet, sie verstünde das nicht, es sei Krieg, und er müsse sein Volk verteidigen. Aber warum werden Frauen, Kinder, Alte getötet, sie sind doch keine Soldaten? Die Muslime töten unsere Frauen und Kinder, hätte er geantwortet und zum erstenmal begriffen, daß Ana kein kleines Mädchen mehr war, sondern eine junge Frau, die andere Wertvorstellungen hatte als ihr Vater, und das hätte ihn schockiert. Glaubst du mir nicht, hätte er gefragt. Nein, hätte sie gesagt. Diese Antwort hätte ihn aus der Fassung gebracht, und er hätte zu schreien begonnen, als befände er sich unter seinen Soldaten.

Oder sie hätte ihn vielleicht gefragt, ob das, was sie über ihn gelesen hatte, wahr sei, ob er wirklich Tausende Zivilpersonen in Sarajevo hatte umbringen lassen. Mladić hätte alles geleugnet und ihr vorgeworfen, sie falle auf die »Feindpropaganda« herein. Die eigene Tochter zu belügen, war ein Leichtes für ihn, er hatte andere schon so oft belogen. Nichtsdestoweniger hätte es ihn frustriert, daß Ana es wagte, ihn herauszufordern.

Doch es ist sinnlos, eine solche Konversation zu konstruieren. Denn hätten Ana und ihr Vater miteinander reden können, wäre sie heute nicht tot. Bis an sein Lebensende wird er nicht begreifen – und darunter leiden –, warum sich Ana umgebracht hat. Die Antwort liegt in dem Spiel »Schiffe versenken«: es ist seltsam, daß heutzutage zwei junge, jedoch erwachsene Menschen beim Spiel mit ihren Eltern zusammensitzen statt fernzusehen oder mit ihren Freunden auszugehen. Ana und Darko hätten wahrscheinlich lieber etwas anderes getan, aber sie kannten ihren Vater mit seinen Launen und närrischen Wünschen nur allzu gut. Er hatte das Spiel angeordnet, weil er sich auf diese Weise entspannte. Sie konnten nicht ablehnen. Er spielte gern im Kreis der Familie ein unschuldiges Spiel – als geschähe nichts Wichtiges und als wäre kein Krieg, solange sie zu viert um den Tisch saßen. In dieser Nacht muß Ana schon alles gewußt haben. Tage zuvor hatte sie Artikel über ihren Vater gelesen. Bis dahin war ihr wie ihren Freunden der Krieg gleichgültig gewesen.

Sie wußte, daß ihr Vater in der Republika Srpska der populäre Oberbefehlshaber der Armee war, und sie war sogar stolz auf ihn, aber sie wußte nicht oder wollte nicht wissen, daß seine Aufgabe die »ethnische Säuberung« war. Bis es unausweichlich wurde. Zu spät, sich damit auseinanderzusetzen und zu überleben.

Sie spielte also und scherzte sogar, sie werde gewinnen. Das Lieblingsspiel des Generals, »Schiffe versenken«, ist im Grunde nicht unschuldig, es ist ein Kriegsspiel. Selbst in der eigenen Küche konnte Mladić nicht vergessen, was und wer er war. An diesem Abend klagte Ana wieder über Kopfschmerzen, doch das Signal war nicht deutlich genug, denn sie sagte nichts mehr. Die Mutter berührte leicht ihre Stirn, du hast dich wohl erkältet. Der Vater sah sie nur besorgt und schweigend an.

Nein, ich sage ihm nichts, dachte Ana vermutlich. Es war unmöglich, sie hatte schon so oft darüber nachgedacht. Sie hatte nicht die Kraft, dieses Familienidyll zu zerstören, nicht in Gegenwart der Mutter und des jüngeren Bruders. Die Mutter wäre blaß geworden und verstummt. Der Bruder wäre zu ihrer Verteidigung aufgestanden, falls der Vater laut oder gar handgreiflich geworden wäre. An diesem Abend vor ihrem Freitod sah sie ihn mit anderen Augen. Ihr Vater war nicht mehr derselbe. Sie hatte wirklich Kopfschmerzen, aber das war nur ein Vorwand, sich zurückziehen zu können. In Wahrheit konnte sie seinen Anblick nicht mehr ertragen.

Auf einmal fühlte sie Übelkeit. Sie sah ihn an, den »Schlächter von Bosnien« (das hatte sie in einer Zeitung gelesen), als wäre es zum ersten Mal. Ana sah ihren Vater an, seine großen Hände, seinen Lieblingsring, das schon sehr graue Haar, und sie fühlte Trauer, fühlte einen Verlust. War es möglich, daß sie schweigend einem Mann gegenübersaß, der wegen Kriegsverbrechen beschuldigt wurde? Und daß dieser Mann ihr Vater war, ihr geliebter Vater? War es möglich, daß er so hart, so zynisch, so unmenschlich war? Er lächelte sie an. Sie erwiderte mit einem kleinen, vagen Lächeln und versenkte eins seiner Schiffe. Sie haßte sich, weil sie so schwach, so weinerlich war, Papas kleines Mädchen. Der Kopfschmerz verstärkte sich. Ich muß ins Bett, sagte sie. Die Mutter sah sie an. Sie spürte, daß mit ihrer Tochter etwas nicht stimmte, aber was, würde sie nie erfahren.

Die Lampe warf gelbliches Licht auf den Küchentisch. Das Spiel war bald beendet, Ana hatte gewonnen.

Am Morgen hatte sie noch eine Chance. Mladić war ehrlich besorgt und fragte, was mit ihr los sei. In ihrer Verlorenheit und Unsicherheit sagte sie nur, sie könne es nicht erklären. Er verließ Belgrad in Richtung Bosnien in der Überzeugung, daß ihre seltsame Stimmung bald vergehen würde, daß sie wegen der bevorstehenden Prüfung nervös war.

Am folgenden Abend nahm sich Ana eine von den drei Pistolen, die er im Haus aufbewahrte, diejenige, die er als bester Student der Belgrader Militärakademie bekommen hatte, diejenige, die er – wie Ana wußte – bei der Geburt seines ersten Enkelsohns abzufeuern gedachte. Sie nahm diese, als wollte sie ihren Vater noch tiefer verletzen.

Zurück in Bosnien bei seinen Soldaten, schreckte der General in dem Augenblick aus dem Schlaf, als seine Tochter sich erschoß. Er habe einen Stich im Herzen verspürt, sagte er später. Etwas Schlimmes müsse geschehen sein, erklärte er seiner Ordonnanz und befahl Kontaktaufnahme mit der Front. Aber dort war alles ruhig. Dann läutete das Telefon. Es war sein Sohn Darko.

Mladić ist überzeugt, daß Ana ermordet wurde. Für ihn ist das die einzig logische Erklärung. Ana würde sich niemals selbst umbringen. Er konnte sich nicht vorstellen, daß ihn seine eigene Tochter, die als 23jährige mit ihm »Schiffe versenken« spielte, für seine Taten verurteilen würde. Statt miteinander zu reden, hatten sie Kinderspiele gespielt. Der Gedanke, sie sei ermordet worden, war leichter für ihn und enthob ihn jeder Verantwortung. Um zu verstehen, warum sie sich umgebracht hatte, hätte er sich zumindest selbst gestehen müssen, daß er ein Kriegsverbrecher war; das vermochte General Mladić nicht. Nicht einmal der Tod der geliebten Tochter konnte ihm dieses Geständnis abringen. Als hätte er sein Kind opfern müssen – nicht seine Soldaten und das eigene Leben wie Fürst Lazar –, um als Held in die Mythen einzugehen. Wenn dies der Preis für seine Unsterblichkeit war, dann ließen ihn die Götter nur am Leben, damit er leide.

Hier berührt sich die griechische Mythologie mit der serbischen: Mladić wurde für das bestraft, was er in Bosnien getan hatte. Er zerstörte Bosnien, das ihn am Ende besiegte. Wäre Ana von Menschenhand, von Feindeshand getötet worden – das wäre eine menschliche Rache gewesen. Doch sie hat selbst Hand an sich gelegt. Die Götter nahmen Rache an Mladić. Sein Dasein wurde zur griechischen Tragödie, in der die Götter eingreifen und den Helden zu seinen Lebzeiten bestrafen.

Am Ende erfuhr Mladić den Schmerz, den er Tausenden Menschen in Sarajevo, Srebrenica und Gorazde zugefügt hatte. Konnte es derselbe Schmerz sein? Kann ein Schlächter dieselben Gefühle erfahren wie seine Opfer? Ja, denn der Schmerz um ein verlorenes Kind ist überall derselbe.

Dieser größte Verlust und das Leid, das mit ihm einhergeht, hat aus dem legendären Helden Mladić wieder ein menschliches Wesen gemacht.

Nachdem ich mit 16 Jahren mein Elternhaus verlassen hatte, sprach mein Vater jahrelang nicht mit mir.

Er war steinhart, hatte mich abgeschrieben. Ich fragte mich oft, warum. Weil ich es gewagt hatte, nach eigenen Vorstellungen zu handeln, ohne auf ihn zu hören. Vielleicht hätte ich auf ihn gehört, wenn er nur zu mir gesprochen hätte. Gesprochen, nicht geschrien. Jetzt ist es zu spät. Trotzdem träume ich oft von meinem Vater: Ich stehe oben auf einer Wendeltreppe und er an ihrem Fuß. Er sieht mich an, und es scheint, als versuchte er mir etwas zu sagen. Er bewegt die Lippen, doch kein Wort dringt zu mir. Ich wache schluchzend auf. Vielleicht träumt auch der General, daß seine verlorene Tochter ihm etwas zu sagen versucht, was er nicht hört. Dann erwacht er schweißgebadet neben seiner stillen Frau, die tief in sich weiß, wer an Anas Freitod schuldig ist.

Und so verbüßt General Mladić seit dem März 1994 seine lebenslange Strafe auf freiem Fuß, abgesehen von der Tatsache, daß ihn das Haager Tribunal nach wie vor als Kriegsverbrecher sucht.

12. Die Wandlung der Biljana Plavšić

Nicht viele Frauen waren am Krieg beteiligt, schon gar nicht auf höchster Entscheidungsebene. Biljana Plavšić stand neben den Angeklagten Radovan Karadžić und Momčilo Krajišnik an der Spitze der Republika Srpska. Sie wurde wegen Verbrechen gegen die Menschlichkeit, Verstößen gegen die Kriegsgesetze und die Genfer Konventionen zu elf Jahren Freiheitsentzug verurteilt. Immerhin gehört sie zu den wenigen, die sich zu ihrer Verantwortung für Kriegsverbrechen bekannten.

Die einzige wegen Kriegsverbrechen angeklagte Frau, die »eiserne Lady« der Republika Srpska, sitzt ruhig auf der Bank im Internationalen Tribunal von Den Haag. Es ist Februar und kalt. Sie ist in ein elegantes dunkelbraunes Kostüm und einen olivgrünen Rollkragenpullover gekleidet, um ihren Hals hängt an einer Kette ein großes Kreuz. Manchmal stützt sie sich nachdenklich auf eine Hand. Aber in dem Augenblick, als der Richter Richard May das Urteil spricht, elf Jahre Gefängnis, zeigt sich im Gesicht von Biljana Plavšić keine Regung. Für eine 72jährige können elf Jahre bedeuten, daß sie bis ans Lebensende im Gefängnis sitzen wird. Aber Frau Plavšić blickt dem Richter in die Augen, ohne mit der

Wimper zu zucken. Gefaßt, ruhig und ernst verliert sie auch in diesem schweren Moment nicht die Kontrolle. Man kann nicht erraten, was sie denkt.

Für ihr Alter sieht Biljana Plavšić gut aus. Ihr graumeliertes Haar ist schulterlang, und sie benutzt kaum Schminke, nur Wimperntusche und ein diskretes Rouge. Das Rouge und die pastellfarbenen Kostüme, die sie gewöhnlich trägt, sind ihr Markenzeichen. Hellgrün, Fuchsiarot und Dunkelblau sind offenbar ihre Lieblingsfarben. Und meist trägt sie eine Seidenbluse unter dem Jackett.

Ungeachtet der Umstände sieht Biljana Plavšić immer perfekt aus. Auf einem Foto ist das gut zu sehen: Sie besucht Soldaten an der Front, gekleidet in ein pinkfarbenes Kostüm. Die kräftige rosa Farbe hebt sich unter den Tarnuniformen ebenso ab wie ihre frauliche Erscheinung unter den groben Männergesichtern. Nichts konnte einen größeren Kontrast zu den Uniformen darstellen als dieses Chanel-Kostüm, es sei denn eine Abendrobe. Frau Plavšić scheint nicht zu den Soldaten zu gehören, nicht nur weil sie eine Frau, sondern weil sie eine Dame ist.

Auch im Gerichtssaal sieht sie aus, als gehörte sie nicht hierher.

Ihr Verhalten wurde als würdig beschrieben. Einverstanden, in einem Gerichtssaal erscheint sie würdig, aber an der Grenze zur Arroganz. Es war etwas in der Art, wie sie da saß, in ihrer Haltung, der Manier, wie sie sich den Richtern zuwandte, wie von oben herab, als wollte sie über sie richten. Das störte mich. Schließlich saß *sie* auf der Anklagebank und wurde abscheulicher Verbrechen beschuldigt – doch sie spielte die Erhabene.

Biljana Plavšić irritierte mich, bis ich etwas sehr Vertrautes in ihr entdeckte, oder irritierte sie mich gerade deswegen? Sie erinnerte mich an meine Mutter. Meine Mutter erschreckt andere Menschen allein durch ihre Erscheinung, selbst heute noch mit 76 Jahren. Und das hat nichts mit ihrer Macht oder ihrer Position zu tun, denn beides hatte sie nie. Ich entsinne mich, daß ich ihretwegen nicht gern Freunde nach Hause einlud. Sie galt als kalt und hochmütig, ja arrogant, weil sie auftrat wie eine Königin. Plötzlich ging mir auf, daß Plavšić derselbe Typ Frau sein muß. Es gibt Menschen mit einer angeborenen würdigen oder arroganten Haltung (das hängt von der Interpretation ab). Sie machen andere unsicher, sehen sie an, als stimme etwas mit ihnen nicht, als hätten sie ungewaschenes Haar oder einen Fleck auf der Kleidung oder hätten etwas Dummes gesagt. Das tun sie nicht absichtlich, oft sind sie sich dessen gar nicht bewußt. Einige ausländische Diplomaten zum Beispiel beschreiben Frau Plavšić als kalt und unangenehm. Während andere serbische Politiker warmherzig und entgegenkommend seien, habe sie sich des öfteren geweigert, jemandem die Hand zu geben.

Hier im Gerichtssaal gleicht Plavšić dem, was sie war, bevor sie in die Politik einstieg, das heißt wie eine angesehene Professorin der Biologie an der Universität Sarajevo. Dort machte sie erfolgreich Karriere. Sie war sogar als Fulbright-Stipendiatin eine Zeitlang in den Vereinigten Staaten. Es ist schwer zu sagen, was sie veranlaßte, ihren Beruf aufzugeben. Wahrscheinlich ist die Antwort wie in vielen solchen Fällen banal – Machthunger. Ich kann mir gut vorstellen, in welcher Situation sie sich 1990 kurz vor dem Kriegsausbruch in Bosnien befand. Sie war sechzig Jahre alt und hätte bald in den Ruhestand gehen sollen. Der ehrgeizigen und intelligenten Frau gefiel diese Perspektive nicht. Sie hatte weder Mann noch Kinder und Enkel, denen sie sich hätte widmen können. Wichtiger noch, sie sah, was für Menschen in die Politik gingen. Einige waren ihre Kollegen, Akademiker wie der bekannte Shakespeareologe Nikola Koljević, der 1997 Selbstmord beging. Aber die meisten anderen waren eher unkultivierte, halbgebildete Leute mit dem einzigen Bestreben, sich dank ihrer Macht zu bereichern. Natürlich glaubte sie, eine bessere und kompetentere Politikerin sein zu können. Frei von Familienverpflichtungen und voller Energie stürzte sie sich in die Politik. Sicher war sie ambitioniert, aber im Unterschied zu ihren männlichen Kollegen offenbar nicht bestechlich. Man sollte nicht vergessen, daß sie, als sie bemerkte, wieviel Korruption in der Regierung herrschte, eine Säuberungsaktion einleitete und eine eigene Partei gründete, die 1997 bei den Wahlen gewann.

Als einzige Frau unter balkanischen Macho-Politikern mußte sie dafür natürlich einen Preis zahlen. Eine Frau in ihrer Position mußte besser, und das bedeutet unter den gegebenen Umständen, radikaler sein als die Männer. Und sie war es.

Die Tatsache, daß eine Frau für einige der schlimmsten Verbrechen während des Bosnien-Krieges Verantwortung trägt, ist schwer verdaulich für jeden, der ein bißchen daran glaubt, die Welt sähe besser aus, würde sie von Frauen regiert. Aber solange diese Frau in Bosnien regierte, war es die reine Hölle.

In der Republika Srpska unterstand sie formal nur dem Präsidenten Radovan Karadžić. Die Frage ist, wieviel Macht sie tatsächlich hatte, inwieweit sie von Radovan Karadžić und Slobodan Milošević manipuliert wurde und inwieweit sie nur als Dekoration diente. Carl Bildt, der ehemalige Hohe Repräsentant in Bosnien, der vor Gericht als Zeuge auftrat, sagte, sie habe »nie an Diskussionen, Entscheidungen und Meetings teilgenommen, die sich mit kritischen Fragen von Krieg, Frieden und Macht befaßten«. Aber wenn sie auch nur geringe Macht hatte, sie wußte, was geschah und gab das vor Gericht auch zu.

Weil Biljana Plavšić eine Frau ist, fiel es mir schwer, ihr über diese zehn Jahre zu folgen. Es war schwer, ihre extrem nationalistischen Reden und ihre aus der Biologie stammenden Metaphern zu hören, wenn sie etwa zu erklären versuchte, die bosnischen Muslime seien ein »genetischer Fehler am serbischen Körper« und ihre Eliminierung nur ein »natürliches Phänomen« und kein Kriegsverbrechen. Selbst Slobodan Milošević betrachtete sie als übertrieben radikal und reif für die Irrenanstalt. Es ist ein schrecklicher Gedanke, daß sie als – formales – Mitglied der Geheimpolizei und der Militärführung in der Republika Srpska von Folter und Mord an muslimischen Gefangenen in den Konzentrationslagern Omarska, Keraterm und Manjača gewußt haben muß. Es gibt ein beredtes Foto von ihr aus der Kriegszeit: Sie küßte den notorischen Verbrecher Željko Ražnatović Arkan, nachdem seine serbischen Paramilitärs Bijeljina eingenommen und 48 Menschen getötet hatten. Ihre Leichen lagen noch in den Straßen – ja sie mußte über eine hinwegsteigen, um Arkan zu umarmen, zu küssen und ihm zur erfolgreichen Beseitigung des »genetischen Fehlers« zu gratulieren.

Als sie im Januar 2001 von der Anklage hörte, begab sie sich sogleich nach Den Haag in der festen Überzeugung, nur ihre Pflicht getan zu haben, indem sie ihr Volk verteidigte und deshalb nicht schuldig sein könne an Völkermord, Verbrechen gegen die Menschlichkeit, Verstöße gegen die Kriegsgesetze und Mißachtung der Genfer Konventionen – was ihr vom Tribunal vorgeworfen wurde. Ihr erstes Statement war denn auch »nicht schuldig«.

Nach kurzer Haftzeit wurde sie gegen Kaution freigelassen. Ein echter Schock jedoch war ein Videolink vom Oktober 2002, wo Plavšić erstmals ihre ursprüngliche Aussage widerrief und sich schuldig bekannte. Das konsternierte viele Serben: Was ist los mit dieser Frau? Was will sie erreichen? Vielleicht erhofft sie eine mildere Strafe im Tausch für eine Zeugenaussage gegen Milošević? Schließlich ist sie bekannt als eine kalte und berechnende Person, und solche Abkommen gehören zur juristischen Praxis.

Aber Biljana Plavšić überraschte alle. Als sie im Dezember desselben Jahres Gelegenheit bekam, vor dem Tribunal zu sprechen, bot sie das Bild einer völlig anderen Person. So anders, daß sie nicht wiederzuerkennen war. In ihrer kurzen Rede war sie plötzlich aufrichtig, bescheiden, rührend und voller Bedauern.

Es grenzt an ein Wunder, daß Biljana Plavšić nicht sagte *»Ich wußte nicht«* oder *»Ich habe nur meine Pflicht getan«*, daß sie nicht Mitleid zu erwecken suchte, weil sie die einzige Frau in dieser balkanischen Welt männlicher Politiker gewesen war. Vorher hatte sie sich für Verbrechen gegen die Menschlichkeit schuldig bekannt (worauf die anderen Anklagepunkte gestrichen wurden). »Ich bin überzeugt davon, daß mehrere

Tausend unschuldiger Menschen zu Opfern organisierter und systematischer Aktionen zur Beseitigung von Muslimen und Kroaten aus dem serbischen Territorium wurden ...« Auch diese Erklärung ist ein wahres Wunder.

Auf die Frage, die sie sich selbst stellte – wie es möglich war, daß Serben Kriegsverbrechen begingen –, lautete ihre Antwort: Blinde Angst, die zu der Zwangsvorstellung führte, nie wieder Opfer zu werden wie in den Auseinandersetzungen mit den Kroaten während des Zweiten Weltkriegs. »Wegen dieser fixen Idee, nie wieder Opfer sein zu wollen, wurden wir zu Tätern«, gestand Plavšić. Dabei bemühte sie sich, nicht zu erklären, wie diese latente Angst aus den Tagen des Zweiten Weltkriegs von den Medien jahrelang hochgespielt wurde, die damit den Weg für die folgenden Verbrechen bereiteten.

Im Angesicht der Anklage wegen inhumaner Behandlung der nichtserbischen Bevölkerung bestätigte sie, davon gehört, es aber nicht überprüft zu haben, weil sie glaubte, ihr Volk sei solcher Taten nicht fähig. Doch sie gab zu, daß Selbstverteidigung keine Entschuldigung für Kriegsverbrechen ist und übernahm die volle Verantwortung.

In ihrer kurzen Ansprache fand Plavšić auch Gelegenheit, um Gerechtigkeit für die Opfer aller drei verfeindeten Seiten zu erbitten. »Ich kann nur tun, was in meiner Macht steht, und hoffen, daß es von Nutzen ist – die Wahrheit verstehen, sie aussprechen und Verantwortung tragen. Ich wünsche mir, daß dies den unschuldigen muslimischen, kroatischen und serbischen Opfern helfen wird, nicht in Erbitterung zu verfallen, die sich oft in Haß verwandelt, der wiederum zur

Selbstzerstörung führt.« Mit ihrer Reue zielte sie nicht auf eine Strafmilderung ab, denn, wie sie später sagte, jeder Freiheitsentzug von mehr als zehn Jahren bedeute in ihrem Fall ohnehin lebenslänglich. Doch sie lehnte es ab, mit dem Tribunal zusammenzuarbeiten und als Zeugin der Anklage bei anderen Prozessen, speziell dem gegen Milošević, aufzutreten.

Ihre Rede war ein mehr als mutiger Akt – schon aus dem einfachen Grund, daß nach ihrem Eingeständnis der serbischen Untaten, zumal es von einer so hochstehenden Persönlichkeit kam, niemand mehr diese Tatsachen leugnen konnte. Deshalb könnten ihre Worte Bedeutung haben für den Ernüchterungsprozeß der meisten Serben, die noch nicht begonnen haben, über die eigene Schuld nachzudenken. Das zumindest war die Hoffnung des Tribunals in Den Haag. In der Republika Srpska und in Serbien war die Reaktion jedoch ganz anders: Biljana Plavšić wurde zur Verräterin erklärt. Es wird mehr als einen Prozeß brauchen, damit die Serben sich mit ihrer Rolle im Bosnienkrieg auseinandersetzen.

Biljana Plavšić hat sich als eine Frau von moralischer Stärke und Festigkeit erwiesen, die bereit ist, die Strafe für ihr Tun zu akzeptieren. Ich muß zugeben, daß ihr Verhalten Anerkennung verdient.

Als Regierungsmitglied in der Republika Srpska war sie radikaler als alle anderen, jetzt ist sie es in ihrer Reue. Es wäre interessant zu wissen, was sie zu diesem Sinneswandel gebracht hat.

Plavšić selbst bietet keine Antwort an. Doch es gibt ein paar Vermutungen. In ihrer Ansprache erwähnt sie, daß das serbische Volk seine Ehre verloren hat. Sie verweist auf die Rolle des heiligen Sava in der serbischen Geschichte; die serbische Führung sei von seinem Weg der Würde, Erhabenheit und Ehre abgewichen. Warum berief sie sich gerade auf einen mittelalterlichen Heiligen? Die Antwort verbirgt sich vielleicht in dem Kreuz, das sie für alle sichtbar um den Hals trägt. Das könnte ein Zeichen sein: Hatte sie religiöse Gründe für ihren Sinneswandel? Andererseits könnte es ein ganz entgegengesetztes Motiv für ihr Schuldgeständnis geben: ihre Rationalität, ihr Verstand als Wissenschaftlerin. Angesichts der unumstößlichen Beweise vor Gericht änderte sie ihre Meinung, wie das trotz Ideologie jeder echte Wissenschaftler tun würde. Ihr Rationalismus zeigt sich auch darin, daß sie 1995 zum Abschluß des Dayton-Abkommens beitrug, die Korruption bekämpfte und später erfolgreich mit internationalen Organisationen zusammenarbeitete.

Was auch immer ihre moralische Wandlung herbeigeführt haben mag, Biljana Plavšić ist nicht nur ein positives Beispiel, sondern auch eine Lektion für ihre männlichen Kollegen, die Kriegsverbrecher Karadžić und Mladić. Zugleich ist ihr Beispiel eine Lektion für kroatische »Helden« wie Ante Gotovina, der sich irgendwo in der Herzegowina versteckt hält. Während solche Feiglinge auf der Flucht sind, hatte sie als Frau den Mut, die eigene Schuld zuzugeben und damit das eigene Volk von dem Vorurteil zu befreien, jeder Serbe müsse per Definition ein Verbrecher sein.

Für einen Mann in unserer patriarchalischen balkanischen Gesellschaft muß das eine unangenehme, ja demütigende Botschaft sein. Leute wie Karadžić, Mladić und Gotovina werden es Biljana Plavšić nicht verzeihen, daß sie nun erbärmlicher dastehen, als sie es ohnehin schon waren.

13. Wozu dienen Ungeheuer?

Warum schreibst du über Kriegsverbrecher?, fragte mich eine Freundin, als ich ihr sagte, ich ginge für fünf Monate als Prozeßbeobachterin nach Den Haag. Ich verstand ihre Frage, sie meinte: Hast du nicht genug von alldem?

Ja, ich hatte genug. Als ich meinen letzten Roman, »Als gebe es mich nicht« – mein zweites Buch über die Balkankriege – beendet hatte, war ich schon sehr, sehr müde. Zehn Jahre lang versuchte ich zu verstehen und anderen zu erklären, wie es zum Krieg gekommen war und wie er die Menschen um mich und mich selbst verändert hatte. Ich hätte gern zur Abwechslung etwas anderes geschrieben. Aber meine Gedanken kehrten immer wieder zum Krieg zurück. Ich konnte ihn nicht hinter mir lassen; es gab zu viele Fragen, zu viele unvollendete Geschichten. Dieser Krieg 1991 bis 1995 war etwas, das ich mir – wie vieles andere – nie hätte vorstellen können. Ich mußte mich damit auseinandersetzen, und das Schreiben war dafür eine Möglichkeit. Doch zwei Kriegsbücher reichten offenbar nicht. Mein Leben hatte sich verändert. Abgestoßen vom Nationalismus, verließ meine Tochter 1991 Kroatien und ging ins Ausland. Ich verlor das Land meiner Geburt und viele Freunde. Meine Welt schrumpfte zusammen auf ein national fast homogenes Kroatien. Verbannt aus seinem öffentlichen Leben, verbrachte ich immer mehr Zeit jenseits der Grenzen, bis ich in Schweden eine zweite Heimat fand.

Dennoch ließ mir der Krieg keine Ruhe. Vor etwa drei Jahren stellte ich in Berlin meinen Roman »Als gebe es mich nicht« über die Massenvergewaltigung muslimischer Frauen in Bosnien vor. Wie üblich gab es nach der Lesung eine Diskussion mit dem Publikum. Ein junger Mann fragte mich, ob ich nun auch ein Buch aus der Perspektive der Kriegsverbrecher schreiben würde. »Nein!« antwortete ich fast zu schnell, als wäre schon der Gedanke daran ein Verbrechen. Es ist wahr, meine Bücher über den Krieg sind ausschließlich aus der Perspektive der Opfer geschrieben. Die Schrecken des Krieges können nur aus ihrer Perspektive dargestellt werden, dachte ich. Über die Täter wußte die Welt schon genug. Wie viele Artikel sind allein über Slobodan Milošević veröffentlicht worden? Tausende und Abertausende. Mit der Zeit haben er, Radovan Karadžić oder Ratko Mladić in den Medien den Status von Filmstars erlangt; nur an ihre Kriegsverbrechen erinnert sich niemand mehr. Wenn jemand versucht, aus der Perspektive der Täter zu schreiben, sie zu verstehen – kommt das nicht einer Rechtfertigung gleich? Können wir Kriegsverbrecher wirklich verstehen? Warum sollten wir es überhaupt versuchen? All das ging mir durch den Kopf, als mir ausgerechnet in Deutschland jene Frage gestellt wurde.

Ich machte mir nicht klar, daß ich auf die Frage des jungen Deutschen mit Selbstverteidigung geantwortet hatte. Ebenso wie die Menschen zwei Jahre später reagierten, als ich ihnen erzählte, ich würde über Kriegsverbrecher schreiben. Wieso interessieren sie dich, sie sind Ungeheuer, hieß es. Solche Reaktionen sind einfach zu begreifen. Im Krieg sind unbeschreibliche Verbrechen geschehen, und niemand will damit zu tun haben. Das hilft uns jedoch nicht zu begreifen, wie es zu den Exzessen kommen konnte. Wenn wir die Täter als Ungeheuer bezeichnen, dann, um Abstand zwischen ihnen und uns Menschen zu schaffen. Wir gehen so weit zu sagen, daß ihre Verbrechen »unmenschlich« waren, als wäre das Böse nicht ebenso ein Teil der menschlichen Natur wie das Gute. Im Hintergrund solcher Überlegungen steckt ein Syllogismus: Normale Menschen sind solcher Verbrechen nicht fähig.

Je näher man jedoch den realen Menschen kommt, die sie begangen haben, desto eher sieht man, daß der Syllogismus nicht funktioniert. 1993 beobachtete ich den Prozeß gegen Borislav Herak, einen bosnischen Serben, den ein Gericht in Sarajevo wegen 16 Vergewaltigungen, Mord an 32 Zivilpersonen (zwölf davon vergewaltigte Frauen) und Beteiligung an der Liquidation von 220 Muslimen zum Tod verurteilte (später wurde die Strafe in lebenslänglichen Freiheitsentzug umgewandelt). Meine größte Enttäuschung war, daß er wie jeder andere aussah, wie ein Nachbar, Verwandter oder Freund. Fast verzweifelt suchte ich nach Zeichen von Wahnsinn in seinen Augen oder sonstigen Merkmalen, daß er das Monster war, das ich in ihm sehen wollte. Und damit war ich nicht allein.

Ist ein schlechter Charakter die Ursache für menschliche Grausamkeit? Gibt es in jeder Gemeinschaft einen Prozentsatz von Menschen, die pathologische Eigenschaften besitzen und Verbrechen begehen, wenn sie die Gelegenheit haben? Oder werden sie unter sozialem und psychologischem Druck kriminell? Diese Fragen sind nicht neu. Es gibt eine ganze Bibliothek zu diesem Thema, die vor allem nach dem Zweiten Weltkrieg entstanden ist (Raul Hilberg, Theodor W. Adorno, Zygmunt Bauman, John Steiner und Ervin Staub). Alles sieht jedoch anders aus, wenn man solchen Fällen selbst gegenübersteht. Die Frage nach der Natur ihres Verhaltens mag alt sein, aber sie ist ebenso verstörend wie nach dem Zweiten Weltkrieg.

Natürlich gibt es Fälle, die ans Pathologische grenzen (wie Goran Jelisić), aber die Menge und die Brutalität der verübten Verbrechen (beispielsweise die Massenvergewaltigungen in Bosnien) weisen darauf hin, daß es entweder sehr viele kranke Menschen gibt oder etwas anderes vorliegt. Damit befaßt sich der amerikanische Historiker Christopher Browning in seinem Buch »Ordinary Men«, in dem er die Rolle des 101. Reservebataillons bei der »Endlösung« in Polen analysiert. Er schlußfolgert, daß diese Deutschen, die ausgesandt wurden, um Tausende polnischer Juden zu töten, keine spezielle Auswahl darstellten oder sich vom Rest des Volkes unterschieden. Im Gegenteil, das Bataillon setzte sich aus Vertretern aller sozialen Schichten zusammen und repräsentierte somit die »normalen Menschen«.

Der arbeitslose 22jährige Borislav Herak interessierte sich weder für Politik noch haßte er persönlich die Muslime. Als er jedoch die Chance bekam, sie unter einem legitimen Vorwand zu töten und auszurauben, zögerte er nicht lange. Das Erschreckende beim Prozeß gegen ihn war die Gewißheit, daß er kein Nationalist und bestimmt kein Irrer war – wenn auch Intelligenz nicht seine Stärke war.

Wenn es indes sein Charakter war, der zu seinem

pathologischen Verhalten führte, dann haben wir kaum Grund, uns mit ihm und seinesgleichen zu beschäftigen wie mit exotischen Insekten im Amazonasgebiet. Solche Fälle offenbaren nur, daß es Menschen gibt, die irre oder krank sind und sich deshalb von den normalen Menschen unterscheiden.

Je mehr ich mich mit einzelnen Fällen von Kriegsverbrechern beschäftigte, desto weniger glaubte ich, daß es sich um Ungeheuer handelt. Was, wenn sie normale Menschen sind wie wir, die unter bestimmten Umständen unmoralische Beschlüsse faßten? Was sagt das über uns selbst?

Beobachtet man Tag für Tag einen Angeklagten im Gerichtssaal, fragt man sich anfangs wie Primo Levi »Ist das ein Mensch?« Nein, lautet die vereinfachte Antwort. Mit jeder Begegnung werden die Verbrecher menschlicher. Nach wenigen Tagen glaubt man, sie gut zu kennen. Man beobachtet ihre häßlichen oder sogar schönen Gesichter, ihre kleinen Gewohnheiten: Sie gähnen, machen Notizen, kratzen sich am Kopf oder säubern sich die Nägel, und man muß sich fragen, was, wenn auch er ein Mensch ist? Je besser man sie kennenlernt, desto mehr wundert man sich, wie sie diese Verbrechen begehen konnten – diese Kellner und Taxifahrer, Lehrer und Bauern. Je intensiver man begreift, daß Kriegsverbrecher normale Menschen sein können, desto mehr Angst bekommt man. Weil die Konsequenzen ernster sind, als wenn sie Ungeheuer wären. Wenn normale Menschen Kriegsverbrechen begingen, dann heißt das, daß jeder von uns sie begehen könnte. Jetzt versteht man, warum es leicht und bequem ist anzunehmen, daß Kriegsverbrecher Ungeheuer sind, statt Ervin Staub zuzustimmen, daß »das Böse, das aus dem normalen Denken kommt und von normalen Menschen getan wird, die Norm und nicht die Ausnahme ist«.

Es scheint tatsächlich, als wäre Brutalität im Krieg eher die Regel als die Ausnahme, mehr eine Frage der Umstände als des Charakters. Wenn dies wirklich der Fall ist, kann keiner von uns sicher sein, wie er sich unter bestimmten Bedingungen verhalten würde. Es gibt keine Garantie, wie zahlreiche psychologische Tests beweisen. So erschreckend dieses Fazit ist, man muß mehr verstehen von bestimmten Situationen und menschlichen Reaktionen auf sie. Über Täter und warum sie dazu wurden. Der junge deutsche Leser hatte recht. Nur wenn wir begreifen, daß die Täter (mit einigen Ausnahmen) Menschen sind wie wir, sehen wir vielleicht die Gefahr, daß wir demselben Druck erliegen könnten.

Eine Frage bleibt jedoch: Was muß einem normalen Menschen geschehen, damit er in seinem Kollegen oder Nachbarn einen Feind sieht? Wie ist es möglich, daß Haß, Demütigung, Brutalität, ja sogar Mord zum normalen Verhalten wurden? Ein Polizist vom Bataillon 101 gibt zu, daß die Juden für sie keine menschlichen Wesen waren. Welche politischen, sozialen und psychologischen Prozesse machen solches Denken möglich? Was verursacht den massenhaften Haß und die nachfolgenden ethnischen Säuberungen?

Es wäre wohl übertrieben, einen Staat vom Territorium des einstigen Jugoslawien mit Nazi-Deutschland zu vergleichen. Doch es gibt ein Element, wo dieser Vergleich möglich ist, und das ist die Konstruktion des »anderen« als Haßobjekt. Für den Anfang ist es wichtig, das Objekt zu identifizieren und überzeugende Gründe für den Haß zu liefern. Die Gründe müssen nicht einsichtig und wahr sein. Wichtig ist, daß sie überzeugend sind, um akzeptiert zu werden. Meist sind es Mythen (vom himmlischen serbischen Volk oder vom tausendjährigen Traum der Kroaten vom eigenen Staat) und Vorurteile (Serben sind primitiv, Kroaten sind Nazis, Muslime sind dumm). Noch besser ist es, wenn die Mythen und Vorurteile in der Wirklichkeit wurzeln, in der Geschichte früherer Kriege oder in kulturellen und religiösen Unterschieden. Objekt des Hasses können auch Angehörige eines anderen Stammes (Hutu, Tutsi) oder einer anderen Rasse sein. Die Propaganda hat die Aufgabe, diese Unterschiede zu formulieren, so daß sie ein Gefühl der Bedrohung von der anderen Seite erwecken und die Homogenisierung befördern. Am wichtigsten ist die Methode: besonders wirkungsvoll ist es, die Menschen langsam, Schritt für Schritt an den Haß zu gewöhnen, bis er Bestandteil ihres Alltags wird.

Unter dem Eindruck der »Beweise« für die Unterschiede, der ausführlichen Beschreibungen von Unterdrückung und Leid durch die Medien – ob real oder erfunden – verlieren die »anderen« mit der Zeit ihre individuellen Eigenschaften. Sie sind nicht mehr Bekannte oder Fachleute mit Namen, Gewohnheiten, Aussehen oder Charakter, sondern nur noch Mitglieder der feindlichen Gruppe. Wenn eine Person derart entindividualisiert und zur bloßen Abstraktion gemacht wird, hat man die Freiheit, sie zu hassen, weil die moralischen Schranken beseitigt sind. Ist es »bewiesen«, daß die Feinde keine menschlichen Wesen sind, brauchen wir sie nicht mehr als solche zu behandeln.

Es spielt keine Rolle, daß wir auf diese Weise selbst zur abstrakten Kategorie werden, daß wir nicht länger Individuen sind, denn in den Augen der »Feinde« sind wir ebenfalls die »anderen«.

Der Beginn des Krieges im ehemaligen Jugoslawien gleicht der Schilderung in Victor Klemperers Tagebuch 1933 bis 1945, »Ich will Zeugnis ablegen bis zum letzten«, in dem er beschreibt, wie der Antisemitismus allmählich zur normalen Denk- und Verhaltensweise in Deutschland wurde. Das kommt langsam auch dem Opfer zum Bewußtsein: Klemperer, selbst Jude, hatte es jahrelang nicht sehen wollen und verdrängt.

Wie in Deutschland hörte man im Kroatien der neunziger Jahre zunächst auf, eine Person anderer Nationalität zu grüßen, vielleicht nur aus Angst, dabei beobachtet zu werden. Es ist unglaublich, aber diese scheinbar kleine, unbedeutende Konzession an die neue Realität einer totalen nationalen Homogenisierung führt bereits auf einen gefährlichen Weg. Diese Art Opportunismus – das Wegsehen, das Schweigen und die Feigheit – schuf die Voraussetzungen für Kriegsverbrechen, die im Namen der Isolierung und Beseitigung der »anderen« begangen wurden.

Die Mehrheit der Bevölkerung in Kroatien, Serbien und Bosnien paßte sich bald der Mixtur aus Staatspropaganda, Opportunismus, Angst und Gleichgültigkeit an, welche die Verhaltensnormen bestimmten. Nur sehr wenige Menschen waren imstande, sich der allgemeinen Atmosphäre des Hasses zu widersetzen. Natürlich muß man unterscheiden zwischen jemandem, der seinen serbischen oder muslimischen Nachbarn nicht grüßt, und jemandem, der ihn tötet – so wie man unterscheiden muß zwischen einer Regierung, die Serben keine Pässe ausstellt, und einer, die das Tragen des gelben Sterns anordnet. Doch Wegsehen und Schweigen vor Unrecht und Verbrechen bedeuten Kollaboration mit einer Politik, deren Programm Tod und Vernichtung sind. Und ob diese Kollaboration nun freiwillig ist oder nicht – das Ergebnis ist dasselbe.

Zehn Jahre nach dem Ausbruch des Krieges auf dem Balkan muß man einsehen, daß wir normalen Menschen ihn ermöglicht haben und nicht irgendwelche Irren. Wir haben eines Tages unsere Nachbarn unterschiedlicher Nationalität nicht mehr gegrüßt, und am nächsten Tag wurden in unserem Namen Konzentrationslager eingerichtet. Wir haben das einander angetan. Vielleicht ist das ein guter Anlaß zu der Überlegung, ob es zu einfach ist, hundert Menschen in Den Haag vor Gericht zu stellen. Was ist mit den anderen, die eine Ideologie übernahmen, welche 200 000 Opfer forderte? Möglicherweise glaubten sie das nicht, mit Sicherheit jedoch protestierten sie nicht dagegen. Wenn es wahr ist, daß es keine Kollektivschuld gibt, kann es dann eine kollektive Unschuld geben?

Oft kann man in Kroatien hören, das Tribunal richte nicht nur über ein paar Verbrecher, sondern über den »Vaterländischen Krieg« und über die ganze Nation. Mit anderen Worten, die Schuld wurde nicht individualisiert. Wir sind noch immer Gefangene des Kollektivismus. Schuld verlangt nach Individualisierung, und dafür steht das Tribunal. Nein, die ganze Nation, in Kroatien oder anderswo, kann nicht an den Kriegsverbrechen *schuldig* sein. Aber die ganze Nation trägt *Verantwortung* für die Kriegsverbrechen, politisch und moralisch. Das serbische Volk wählte Slobodan Milošević zweimal zum Präsidenten Serbiens und einmal zum Präsidenten Jugoslawiens. In Kroatien gewann Franjo Tudjman zweimal die Präsidentschaftswahlen. All das waren freie Wahlen. Wenn die Deutschen für die Unterstützung Hitlers verantwortlich waren, warum sollten die Serben nicht für die Unterstützung Milošević' und die Kroaten für die Tudjmans verantwortlich sein? Ohne den Rückhalt im Volk hätten sich beide nicht an der Macht behaupten können.

Bei der Wahl für Milošević oder Tudjman stimmten die Menschen für die Politik der »ethnischen Säuberung«. Es sei denn, sie erklären wie einige Deutsche, sie hätten nichts gewußt. Kroatien und Serbien jedoch sind zu klein für solche Argumente. Während des fünfjährigen Krieges waren zu viele Leute direkt an der »ethnischen Säuberung« beteiligt, als daß sie ernsthaft behaupten könnten, nichts gewußt zu haben. Sie wußten es und waren einverstanden, oder es kümmerte sie zumindest nicht. Das ist der Hauptgrund, warum sie nicht über Kriegsverbrechen oder den Krieg überhaupt reden wollen, es sei denn über den heroischen Verteidigungskrieg. Es ist nicht angenehm zu hören, daß man ein Kollaborateur war. Aber es ist notwendig zu begreifen, daß das eine Frage der Wahl ist und daß man sich falsch entschieden hat.

Die Prozesse gegen die Kriegsverbrecher sind nicht nur wegen der Toten wichtig, sondern auch wegen der Überlebenden. Denn schließlich muß sich jeder einzelne fragen: Was hätte ich in so einer Situation getan?

Epilog

Ein normaler Tag im Gefängnis von Scheveningen. Während Goran Jelisić und Tihomir Blaškić einen Rundgang auf dem Hof machen, ist Rahim Ademi mit Kochen beschäftigt. Seine Frau hat ihm bei ihrem kürzlichen Besuch Lebensmittel aus Kroatien mitgebracht – dalmatinischen Prosciutto, Olivenöl und fangfrischen Fisch aus der Adria. Der Nordseefisch schmeckt anders, da sind sich alle einig. Er ist fett und ohne Aroma, besonders wenn er, wie hier üblich, gekocht und mit einer dicken Sauce serviert wird. Vielleicht ist dieses Meer nicht salzig genug. Aber nun duftet es köstlich nach dem heutigen Essen, einem *brodetto*, einer Art Fisch-Stew. Ademi ist der beste Koch unter den zwölf Bewohnern dieser Etage. Vorher machte sich ein anderer Kroate, Dario Kordić, öfter in der gemeinsamen Küche zu schaffen, doch Ademi ist weitaus begabter. Er bereitet wunderbares Boeuf Stroganoff und Wiener Schnitzel, ganz zu schweigen von Scampi in Tomatensauce oder den mit Knoblauch, Petersilie und Semmelbröseln gefüllten Calamari. Alle sagen, daß sein mit Rosmarin, Thymian und Salbei marinierter Lammbraten exzellent ist.

Aber selbst seine gewöhnliche Hühnersuppe ist besser als alles, was sie aus der Gefängniskantine bekommen.

Das Gefängnisessen ist ganz anders: fad, fettlos und ohne besonderen Duft oder Geschmack. Eher wie Krankenhausverpflegung, obwohl die meisten von ihnen kerngesund sind, und wenn sie »Krankenhaus« sagen, meinen sie die Hospitäler zu Hause. Sie sehnen sich nach den Speisen, die sie gewohnt sind, kräftige Rinderbrühe mit dünnen, hausgemachten Nudeln, Käsepastete, warmes selbstgebackenes Brot, gebratenes Fleisch, *sarma* oder *ćevapčići* oder *ražnjići*. Und dazu eine Flasche vom guten dalmatinischen Wein. Den jedoch bekommen sie nicht. Alkohol ist verboten.

Natürlich ist es ihnen egal, ob ihnen kroatische, bosnische oder serbische Spezialitäten vorgesetzt werden; wenn es um gutes Essen geht, sind sie keine Nationalisten, sondern freuen sich über jede frisch bereitete, wohlschmeckende Mahlzeit. Gut ist, daß sie Lebensmittel von draußen bestellen können. So wird immer am Montag eine Liste angelegt, die jedermanns Wünsche und Vorlieben berücksichtigt. Wenn ein Feiertag, ein Geburtstag oder ein anderes Fest ansteht, können sie sich ein ganzes Spanferkel oder Lamm kommen lassen und es braten wie zu Hause. Und sie verspeisen es gemeinsam. Wie am 19. Dezember, als die Gefängnisverwaltung eine Party für alle veranstaltete, um sie einander näherzubringen. Es war wie in den guten alten Zeiten, als statt Weihnachten das Neue Jahr gefeiert wurde. Das katholische und orthodoxe Weihnachtsfest darf ebenso begangen werden wie der Bajram. Aber diese offizielle Fete war am 19. Dezember. Es gab Spanferkel. Laut Timothy McFadden, einem irischen Armeeoffizier und Direktor des Untersuchungsgefängnisses, war die Atmosphäre »sehr angenehm, sehr fröhlich ... mit viel Salat und Fleisch und Brot und, wie heißt das noch, *baklava* ... und viel Musik, diese typische jugoslawische oder balkanische Musik; ich weiß nicht, wie man heute korrekt sagt.«

Im Gemeinschaftsraum liest Sefer Halilović frisch eingetroffene bosnische Zeitungen. Obwohl sie sich in den Niederlanden befinden, verfolgen die Gefangenen nur das, was zu Hause geschieht, selbst wenn sie nicht wissen, ob sie je wieder dorthin zurückkehren werden. Nach Halilović werden Blaškić, Naletilić, Kvočka und andere nach denselben Zeitungen greifen. Alle benutzen die gleichen Informationsquellen, egal aus welchem Teil Ex-Jugoslawiens sie kommen. Außer dem Essen ist ihnen auch die Sprache gemeinsam. Wie die über alle Kontinente verstreuten Flüchtlinge sagen sie »unsere Sprache« oder geben ihr gar keinen Namen. Das ist auch nicht nötig. Natürlich hat jetzt jeder seine eigene Sprache, Serbisch, Kroatisch oder Bosnisch, dennoch verstehen sie einander. Wie beim Essen sind sie auch bei der Sprache keine Nationalisten. Außer manchmal im Gerichtssaal. Doch das betrifft eher die Protokolle. Dario Kordić zum Beispiel beanstandete bei seinem Prozeß, daß die Simultanübersetzung nicht auf kroatisch, sondern auf serbisch erfolgte. Er sagte nicht, daß er nicht verstehe, sondern daß das nicht seine Sprache sei. Oder Blagoje Simić, dem bei der Übersetzung ins Serbische ein paar kroatische Wörter auffielen.

Während die einen im Gerichtssaal sitzen, arbeiten andere an ihrer Fitneß – der Fitneßraum ist bei den Gefangenen sehr beliebt. Slobodan Milošević arbeitet in seinem Büro. Man hat ihm dafür eine extra Zelle gegeben, weil er keinen Anwalt hat und sich selbst verteidigt. Allerdings wird er inoffiziell von einem ganzen

Advokatenteam in Belgrad unterstützt. Nach dem Mittagessen wird er sich vermutlich mit seinen Flurnachbarn – Radislav Krstić, Paško Ljubičić, Dragoljub Prcać u. a. – im Gemeinschaftsraum zum Karten- oder Schachspiel treffen. Wenn er nicht zu erschöpft ist – in letzter Zeit scheint ihn das Verfahren zu ermüden. Bei seiner Einlieferung fürchtete die Verwaltung, die anderen Gefangenen würden aggressiv reagieren, und deshalb wurde er isoliert. Tatsächlich gab es einen Vorfall: Goran Jelisić ging mit den Fäusten auf ihn los (danach wurden sie auf verschiedenen Etagen untergebracht). Milošević' Isolierung dauerte jedoch nicht lange, denn bald wurde klar, daß ihn alle bis auf Jelisić als einen der Ihren betrachteten. So teilte er Mahlzeiten und Zeitungen mit den anderen Gefangenen und saß mit ihnen im Gemeinschaftsraum. Wenn er nicht liest – und er ist ein passionierter Leser –, spaziert Slobodan Milošević im Hof. Das Gefängnis steht am Meeresufer, er kann die Möwen hören und die Salzluft atmen, während er die am Himmel dahinjagenden Wolken beobachtet, große goldene Wolken wie auf Vermeers Delfter Gemälden. Timothy McFadden berichtet, daß Milošević ein mustergültiger Gefangener ist. Er ist höflich, spricht mit allen, sogar mit den Aufsehern, hilft anderen beim Erlernen des Englischen. Und er lobt Dragoljub Prcać, wenn dieser den Küchendienst versieht – er habe noch nie im Leben so gut gegessen, erklärt er.

Noch immer umgibt Milošević etwas vom alten Ruhm; interessanterweise redet ihn Ademi mit Herr Präsident an, obwohl Milošević nicht mehr der Präsident Serbiens ist und schon gar nicht der Kroatiens, dessen Staatsbürger Ademi ist.

Neben Halilović sitzen Milorad Kvočka und Hazim Delić beim Kartenspiel. Wer will, kann die Bibliothek mit etwa 600 Bänden, meist in »unserer« Sprache, nutzen. Oder einen Englisch- oder Malkurs besuchen. Duško Tadić, einer der Insassen, hat sehr viel Zeit mit Malen verbracht. Im Gemeinschaftsraum gibt es ein Klavier und eine Gitarre, falls jemand musizieren möchte. Ärzte und Psychologen stehen zur Verfügung, man kann sogar Massagen bestellen. Eines der wichtigsten Privilegien für die Gefangenen ist, daß sie rauchen dürfen – allerdings außerhalb ihrer Zellen und des Gemeinschaftsraums. Sie sind darüber ganz glücklich.

Der Tag ist grau wie so oft in diesem Teil Europas. Es regnet leicht. Einige der Jüngeren sind draußen beim Volleyballspiel. Auch beim Sport kennen sie keinen Nationalismus. Der Beste beim Volleyball ist der schon über 50jährige bosnische Kroate Mladen Naletilić Tuta. Vor seiner Auslieferung galt er als zu krank, um die Reise überstehen zu können. Hier in den Niederlanden indes ist er wunderbarerweise genesen. Scheveningen scheint gut für die Gesundheit zu sein, fast wie ein Kurort. Die Gefangenen können den ganzen Tag außerhalb ihrer Zellen verbringen, und wenn sie allein sein wollen, um zu lesen oder ein Schläfchen zu machen, sind die Räume groß genug und bequem. Sauber, ausgestattet mit Dusche, Schreibtisch, Radio- und Fernsehgerät. Im Vergleich mit einem Zagreber Gefängnis ist Scheveningen ein 3-Sterne-Hotel, um Tuta zu zitieren.

Die Niederländer nennen den Komplex Het Oranje Hotel, nicht wegen der luxuriösen Ausstattung, sondern weil hier während des Zweiten Weltkriegs holländische Widerstandskämpfer von den Nazis gefangengehalten wurden. Mehr als fünfzig Jahre danach leben in diesem Haus keine Helden mehr, sondern präsumtive Kriegsverbrecher vom Balkan.

So als verbrächten sie wirklich Ferien in einem Hotel am Meer, behandeln diese Männer – bis auf wenige Ausnahmen – einander sehr rücksichtsvoll. Sie streiten nicht und machen keine Probleme, sagt McFadden. Da sie nicht nur verschiedener Nationalität sind, sondern aus diversen Gesellschaftsschichten kommen – ehemalige Polizisten, Militärs, Lehrer, Politiker, Taxifahrer, Automechaniker – ist das bemerkenswert. Sie halten sich streng an die Hausordnung. McFadden selbst ist der Beschützer seiner Insassen und sorgt dafür, daß sie alles haben, was sie brauchen. Besucher können immer kommen und, wenn sie wollen, den ganzen Tag bleiben. Sie brauchen zwar eine Genehmigung, doch in einem normalen Gefängnis ist nur ein Besuch pro Monat möglich. Die Insassen erhalten auch ein Taschengeld von zwei Dollar täglich, und wer bereit ist, die Flure zu putzen und die Wäsche zu machen, kann auf fünf Dollar kommen, obwohl sich dafür nicht viele Kandidaten melden. Pro Monat gibt es eine Telefonkarte im Wert von 25 Dollar. Aber die größte Sensation ist das sogenannte »Liebeszimmer«, eigentlich zwei Räume, wo die Gefangenen mit ihren Partnerinnen allein sein können. Dank dieser Einrichtung sind Zoran Žigić und Tihomir Blaškić Väter geworden.

Wie kommt es, daß die Gefangenen in Scheveningen derartige Privilegien genießen? McFadden hat eine einfache Erklärung: Solange ihre Schuld nicht erwiesen ist, sollen diese Männer und ihre Familien möglichst wenig leiden. Aus diesem Grund hat er auch die Anklageschriften nicht gelesen, um keine Vorurteile aufzubauen. Für ihn sind sie keine Kriegsverbrecher, sondern normale Menschen. McFaddens Sorge um die Rechte der Gefangenen und ihr relatives Wohlergehen – Scheveningen gilt als das komfortabelste Gefängnis in Europa – steht in schreiendem Widerspruch zu den Verbrechen, deren sie beschuldigt werden, daß sie absurd erscheinen muß, zumindest in den Augen der Opfer. Für diese ist es kaum ein Trost, daß die Angeklagten, einmal verurteilt und in Haftanstalten solcher Länder festgesetzt, die sich gegenüber den Vereinten Nationen zu ihrer Übernahme verpflichtet haben (Deutschland, Norwegen, Finnland, Schweden), keine Privilegien mehr genießen werden.

Was die Häftlinge außer dem Essen und der Sprache eint, ist, daß sie der schwersten Kriegsverbrechen in Europa seit 1945 angeklagt sind. Man möchte glauben, daß sie voneinander isoliert werden müßten, weil sie gegeneinander Krieg geführt haben und Todfeinde seien. Aber Serben und Kroaten und Bosnier, die jahrelang aufeinander geschossen haben, leben hier friedlich zusammen. Und obwohl sie ihre politischen Überzeugungen nicht verleugnen, haben sie offenbar einen Kompromiß gefunden, der ihnen die Koexistenz ermöglicht – etwas, wovon die Menschen zu Hause nur träumen können. »Als ich hier ankam, hat mich als erster der Muslim Esad Landžo gegrüßt«, sagte Goran Jelisić, ein Serbe, der muslimische Gefangene erschossen hatte. »Er hat mir geholfen, mir die Vorschriften erklärt und was mich im Gerichtssaal erwartet.« Zu Hause hatte Esad Landžo serbische Gefangene gefoltert.

Die Insassen helfen einander nicht nur, sie agieren auch gemeinsam. Als einer von ihnen, Milan Kovažević, gestorben war, und ein anderer, Slavko Dokmanović, sich das Leben genommen hatte, schickten sie alle zusammen Blumen und Beileidstelegramme an die Hinterbliebenen. Ebenso verfuhren sie mit einer Petition an den Vorsitzenden des Tribunals, in der sie eine Erleichterung der Bedingungen in der Untersuchungshaft forderten; den Medien ließen sie einen offenen Brief zukommen, in dem sie Gerüchte dementierten, einige unter ihnen litten an Depressionen.

Es ist fast rührend, das Zusammengehörigkeitsgefühl und die Solidarität dieser Männer zu sehen, so, als hätte die Luft in Scheveningen wohltuend nicht nur auf ihre physische, sondern auch auf ihre seelische Gesundheit gewirkt. Als ob sie, sobald sich die Tore der Untersuchungshaft hinter ihnen schlossen, andere Menschen geworden wären. Plötzlich zeigen sie keine Spur mehr von dem Nationalismus, der das ganze Land zerstörte.

Wie ist das möglich? Der für die Verfolgung von Kroaten und Muslimen angeklagte Simo Zarić (ein kleiner Fisch im Vergleich mit anderen) ist überzeugt, daß die Einmütigkeit unter den Gefangenen derjenigen in der einstigen Jugoslawischen Volksarmee sehr ähnlich ist. »Man muß sich anpassen, um zu überleben«, sagt er.

Ein interessanter Vergleich. In Ex-Jugoslawien galt die Armee als beste Schule der »Brüderlichkeit und Einheit«, die laut Titos Slogan ein Land aus sechs Republiken, drei Sprachen und drei Religionen zusammenhalten sollte. Alles vergebens, wie es scheint. Denn trotz der Unterweisung hatten die Brüder keine Probleme, einander umzubringen, und von der Einheit ist nichts geblieben.

Nur in Scheveningen ist Titos Jugoslawien offenbar noch am Leben. Wie friedlich die angeklagten Kriegsverbrecher verschiedener Nationalitäten koexistieren, wird in einem von dem erwähnten Zarić verfaßten Poem beschrieben. Da finden sich Zeilen wie diese:

Nicht wichtig ist, was dort geschah,
nur das Heute und Hier

Und so endet Zarić:

Wüßten unsere Menschen daheim,
wie wir in Harmonie zusammenleben,
sie würden niederknien
und für den Frieden die Waffen vernichten.
Dieses Gedicht soll eine Lehre sein
allen anständigen Menschen:
Wenn in Den Haag Harmonie herrscht,
folgt unserem Beispiel,
und es wird gut für alle sein.

Das Poem »Die Wahrheit über Den Haag« wurde zur inoffiziellen Hymne von Scheveningen. Goran Jelisić, der als eine Art Sprecher der Gruppe agiert, sagte dem Publikum im Gerichtssaal, die Untersuchungsgefangenen hätten Frieden miteinander geschlossen, zweifelten jedoch, ob auch die Menschen daheim dazu fähig seien. Man sei sich einig darin, daß »das Tribunal zu einem dauerhaften Frieden in Bosnien beitragen« müsse.

Das war wohl überhaupt nicht ironisch gemeint.

Wenn es Nacht wird, ziehen sich die Scheveninger-Insassen in ihre behaglichen kleinen Zellen zurück, die ausgestattet sind mit Satellitenschüsseln, so daß sie das Fernsehprogramm in »unserer Sprache« empfangen können (normale Hotels haben so etwas nicht), sowie mit Kaffeemaschinen, denn sie sind an dieses Getränk gewöhnt, und niemand will ihnen das Recht darauf streitig machen. Und bevor sie einschlummern – mit oder ohne Schlafmittel –, wird keiner von ihnen einen Gedanken an das Paradoxon verschwenden, daß Scheveningen ein Jugoslawien im Kleinen ist. Nur noch hier existiert das Jugoslawien der »Brüderlichkeit und Einheit«.

Und die Männer, die für seine Zerstörung und die vielen Opfer verantwortlich sind, leben heute brüderlich und einig und im Luxus. Ihr Dasein in der Haft ist die größte vorstellbare Antikriegsdemonstration, nur daß sie zu spät kommt. Diese kartenspielenden, kochenden und TV-konsumierenden sympathischen Jungs verspotten all jene, die sie daheim einst zu ernst genommen haben. Sie machen alle lächerlich, die ihren Befehlen gefolgt sind und die ihre Angehörigen verloren haben.

Wenn jedoch diese »Brüderlichkeit und Einheit« unter den eingeschworenen Feinden von gestern wirklich der Epilog dieses Krieges ist, aus welchem Grund kam es zu alledem? Beim Blick auf die fröhlichen Knaben in Scheveningen ist die Antwort klar: aus keinem.

Danksagung

Ich bedanke mich für finanzielle Unterstützung durch die *Hamburger Stiftung zur Förderung von Wissenschaft und Kultur* sowie durch das *Olof Palme Zentrum* in Stockholm.

Als Stipendiatin des *Netherlands Institute for Advanced Study In the Humanities and Social Sciences* in Wassenaar hatte ich ideale Arbeitsbedingungen. Die Diskussionen mit dem Psychologen Professor Willem Wagenaar waren mir sehr wichtig zur Überprüfung meiner Ideen. Dank gebührt auch der Lektorin des Manuskripts, Anne Simpson. Der fünfmonatige Aufenthalt in Wassenaar ermöglichte mir regelmäßige Besuche der Prozesse vor dem Internationalen Tribunal (ICTY) im benachbarten Den Haag.

KulturKontakt aus Wien unterstützte mich bei den Reisekosten. Mirko Klarin und Vjera Bogati von der Agentur *SENSA* stellten mir Pressematerial zur Verfügung. Dank sagen möchte ich auch meiner Freundin Tanja Petovar, die mich zum Weiterschreiben ermunterte, wenn ich aufgeben wollte. Schließlich danke ich meinem Ehemann Richard Swartz für seine klugen Ratschläge, ohne die dieses Buch anders aussähe.

Slavenka Drakulić, geboren 1949 in Kroatien, ist eine der bekanntesten Schriftstellerinnen ihres Landes. Ihre Bücher erscheinen in vielen Sprachen. Sie lebt in Kroatien, Stockholm und Wien. 2005 erhielt sie für *Keiner war dabei. Kriegsverbrechen auf dem Balkan vor Gericht* den Leipziger Buchpreis zur Europäischen Verständigung. Bei Zsolnay erschienen 2007 der Roman *Frida* und 2008 *Leben spenden. Was Menschen dazu bewegt, Gutes zu tun.*

Bei Fragen zur Produktsicherheit wenden
Sie sich bitte an den Paul Zsolnay Verlag:
Prinz-Eugen-Straße 30, 1040 Wien
info@zsolnay.at